Das Leben.
Ein bunter Hund

SABINE HÜBNER
CARSTEN K. RATH

Das Leben. **Ein bunter Hund**

MURMANN
MURMANN PUBLISHERS

Inhalt

Vorwort: Glauben Sie noch oder fragen Sie schon?

Warum wir ein Buch geschrieben haben, mit dem wir selbst nicht gerechnet hatten, warum wir darin keine allgemeingültigen Antworten geben und warum auf dem Titel nicht das Wort »Relevanz« steht.

100 Jahre. Es fühlt sich seltsam an, das aufzuschreiben, doch so alt sind wir beide tatsächlich. Zusammengenommen, selbstredend, zu dem Zeitpunkt, zu dem dieses Buch erscheint. Und bevor Sie jetzt anfangen, zu spekulieren: Das Jahrhundert ist gleichmäßig zwischen uns beiden verteilt. Wir haben diese Seiten sozusagen während des Countdowns zu unseren 50. Geburtstagen geschrieben.

Jetzt liegt natürlich der Verdacht nahe, dass wir uns mit diesem Buch selbst ein Geschenk machen wollen – und ein Stück weit stimmt das auch. Wir wollen mit diesem Buch feiern, und damit haben unsere Jubiläen etwas zu tun. Doch es sind keine Zahlen, die wir zelebrieren wollen, nicht die 50 und nicht die 100. Sondern das, was in all diesen Jahren passiert ist. Was nicht nur, sondern *auch* uns passiert ist: das Leben, dieser bunte Hund.

Schon ist der nächste Verdacht im Raum: Das Leben soll also das sein, was uns passiert? Jetzt müssen wir nur noch anhängen: »... während wir andere Pläne machen«, dann ist das Klischee perfekt. Und ja, das war eine der Perspektiven, mit denen wir für dieses Buch auf das Leben geblickt haben. Wir wollen nicht vorauseilen, aber Sie können sich vorstellen: Bei diesem Standpunkt sind wir nicht stehen geblieben. Neben der festgelegten

Perspektive haben wir auch die gestaltende in den Blick genommen, und viele andere. Wir wollten ergründen, was das ist: das Leben. Was es mit uns macht und was wir damit machen. Und was in dieser Gleichung unterm Strich übrig bleibt. Vor allem aber wollten wir herausfinden, wo unsere persönlichen Gestaltungsspielräume liegen. Wo wir selbst anpacken können, damit es richtigrichtig gut wird, das bunte Leben.

Das war der Punkt, an dem wir erkannt haben: Wir würden eine Wahl treffen müssen. Eine, die einen großen Einfluss darauf haben würde, was für ein Buch es werden würde. Wenn es hier darum gehen sollte, was für uns persönlich am Ende unterm Strich stehen könnte, dann wäre es tatsächlich ein Jubiläumsbuch geworden, mit dem wir letztlich uns selbst gefeiert hätten. Doch das sollte es eindeutig nicht sein. Und deshalb haben wir uns lustvoll dagegen entschieden, die Gleichung aufzulösen.

Das ist ein Aspekt, in dem sich dieses Buch unserer Meinung nach stark von anderen unterscheidet: Dieses Buch kommt zu keinem Schluss. Wir haben uns bemüht, darauf zu verzichten, Ihnen unsere Sicht der Dinge als der Weisheit letzten Schluss zu verkaufen, indem wir allgemeingültige Antworten geben. So gut der Verzicht darauf eben möglich ist, wenn man keine reine Wissenschaft betreiben will, die es bekanntlich sowieso nicht gibt. Wir möchten Ihnen in diesem Buch keinen endgültigen Rat geben. Wir sagen, wie *wir* die Dinge sehen und welche Konsequenzen wir daraus für *unser* Leben ziehen. Aber: Wir möchten Ihnen mit diesem Buch nicht sagen, wie *Sie* die Dinge unserer Meinung nach sehen und was *Sie* tun sollten. Wir finden es spannender und sinnvoller, wenn Sie sich Ihre eigenen Gedanken machen. Über das Leben und darüber, was in Ihrem ganz individuellen Leben relevant ist. Wenn Sie mögen.

Das Wichtigste steht in diesem Buch zwischen den Zeilen: da, wo Sie als Leser und Leserin Ihre eigene Wahrheit finden. Was sind Ihre Antworten?
Ein Buch, in dem es darum gehen soll, was im Leben wirklich Relevanz hat, kann man letztlich nur aus der Perspektive dessen schreiben, der seine eigene Relevanz aufs Korn nimmt. Der über sein eigenes Leben – oder zwei Leben, wie in unserem Fall – nachdenkt und die Schnittmengen anvisiert. Natürlich hat dieses Buch auch oft damit zu tun, was wir selbst relevant finden und welche Gemeinsamkeiten und Unterschiede wir in unseren Ansichten entdeckt haben.
Die Gemeinsamkeiten überwiegen bei uns die Unterschiede. Ein ums andere Mal haben wir bei den Recherchen, den auswertenden Gesprächen und der Suche nach Formulierungen festgestellt, dass es zwischen uns eine starke Nähe gibt. Wir sind in vielen Dingen einer Meinung und teilen viele Interessen. Wir arbeiten miteinander, essen oft gemeinsam, treiben zusammen Sport, machen sogar hin und wieder gemeinsam Urlaub. Wenn Sie uns fragen, was wir nun sind – Co-Unternehmer oder Freunde oder beides oder ganz etwas anderes –, dann können wir Ihnen darauf keine eindeutige Antwort geben. Die Grenzen verschwimmen.
Und wir glauben, dass in diesem Punkt eine Gemeinsamkeit mit sehr vielen Menschen liegt, für die wir dieses Buch geschrieben haben. Wir leben in Zeiten, in denen die üblichen Schubladen, in die wir einst alles Mögliche schieben und einordnen konnten, nicht mehr passen. Diesen Umstand können wir feiern, und das tun wir jeden Tag. Er kann uns aber auch erschrecken und verunsichern. Auch das erleben wir jeden Tag oder beobachten es zumindest. Viele der alten Regeln, und da kommen die 100 Jahre wieder ins Spiel, gelten heute nicht mehr.

Verschwimmende Grenzen, gesprengte Schubladen: Wo soll es eigentlich hinführen, das Leben? Was ist denn eigentlich die Gestaltungsmasse, wenn wir unser Leben formen? Unsere Überlegungen dazu gipfeln in einem Wort, das wir ganz bewusst nicht auf den Titel geschrieben haben: Relevanz. Wir wollen an dieser Stelle nicht unerwähnt lassen, dass wir herzhaft darüber debattiert haben, ob es wirklich schon in diesem Vorwort auftauchen sollte, oder ob wir es lieber erst im Laufe des Buches einschmuggeln. Sehr »sexy« ist das Wort nämlich nicht, im Gegensatz zum Wort »Glück«. Vermutlich wird Relevanz als Gedanke deshalb unterschätzt, und Glück maßlos überschätzt. Relevanz ist stark, steht für sich allein und polarisiert.

Deshalb glauben wir, dass dieses Wort so hilfreich ist, wenn wir über das Leben nachdenken. Was für uns relevant ist, bestimmt unser Leben. Es sagt viel darüber aus, wer wir sind. Und wie, womit und wozu wir für andere relevant sind, zeigt an, wofür wir im Leben stehen und was wir bewirken können. Unsere Relevanzkriterien sind tief in uns verwurzelt und können sich doch im Laufe der Expedition, die wir Leben nennen, immer wieder verändern. Relevanz ist bunt wie das Leben. Deshalb begleitet dieses Wort die Überlegungen in diesem Buch von der ersten bis zur letzten Seite.

Glück übrigens nicht. Denn Glück ist unserer Meinung nach auf nichts eine Antwort, außer auf die Frage nach den Gewinnchancen beim Roulette.

Dieses Buch kann Sie begleiten bei Ihrer ganz persönlichen Relevanzexpedition. Doch es soll Ihnen keine Orientierung bieten wie so viele andere, sondern im Gegenteil: Es soll Fragen aufwerfen. Sie sogar hier und da mal verwundern, verwirren oder gar brüskieren. Indem wir Ihnen von Erfahrungen, Erlebnissen und Entwicklungen berichten, die sich für uns als Relevanzmomente entpuppt haben, wollen wir Ihnen Impulse geben, Ihren eigenen Relevanzkriterien auf den Grund zu gehen und herauszufinden, was in Ihrem Leben wirklich zählt. Und auch: bei Ihren eigenen Unternehmungen, ob Sie nun einer von Millionen Unternehmern ihres eigenen Lebens sind oder Unternehmer im steuerrechtlichen Sinne. Wir sind beides und beziehen deshalb beide Perspektiven ein.

Was manchen wundern mag: ein Lebensbuch statt eines Business-Buches von einem Unternehmer- und Beraterduo? Da geht es Ihnen wie uns: Hat uns auch überrascht. Aber so war es nun mal: Bei einem längeren Aufenthalt auf Bali haben wir festgestellt, dass wir ein ganz anderes Buch in uns trugen als das, mit dem wir und alle anderen gerechnet hatten. Und genau das macht die Relevanzexpedition aus, die wir Leben nennen: Da herrscht an Überraschungen kein Mangel.

Das Geschäftliche ist eben nur eines von vielen Relevanzfeldern, die Sie und wir täglich bespielen und gestalten. Um sie alle geht es in diesem Buch. Diese Lebensgestaltungssegmente sind an der Oberfläche des Alltags sichtbar und wirken doch tief darunter, in der Mechanik des Lebens, die sich manchmal eher anfühlt wie Metaphysik. Und das Leben ist nun mal nicht nur Business. Relevanz ist gleichzeitig breiter und tiefer als Arbeit.

Wenn die Fragen, die wir in diesem Buch aufwerfen, bei Ihnen zu ähnlichen Überraschungen führen, würden wir uns freuen, wenn Sie Ihre Erfahrungen mit uns teilen. Melden Sie sich, adden Sie uns bei Facebook – nur bitte *folgen* Sie uns nicht. In den sozialen Netzwerken gern, aber nicht bei Ihren Schlussfolgerungen. Glauben Sie nicht, fragen Sie! Nutzen Sie Ihre Zeit auf Ihre Weise, nicht auf unsere.

Womit wir wieder bei den 100 Jahren wären. Gerade sind innerhalb kürzester Zeit diverse prominente Menschen gestorben, die unsere Generation auf die eine oder andere Weise begleitet haben. Fast alle waren älter als wir, aber so viel älter dann auch nicht. Die Todesnachrichten von Roger Willemsen mit 60, Guido Westerwelle mit 54 oder Roger Cicero gar mit 45 haben uns daran erinnert, dass Zeit immer eine spekulative Größe ist. Solche Erkenntnismomente schlagen eine Kerbe in den Alltag.

Vielleicht haben wir noch 20 gute Sommer, vielleicht sogar noch 40. Vielleicht aber auch nur zehn. Zehn Sommer, in denen wir den Geruch einer Blumenwiese genießen, Schubladen sprengen und wieder zur Vernunft kommen können. Oder auch nicht. Zehn Sommer, in denen wir uns nach Herzenslust darüber streiten können, was wirklich zählt – und in denen wir uns mit dem Leben versöhnen können. Relevanz ist Leben.

PS: Vielleicht werden Sie sich bei der Lektüre dieses Buches irgendwann fragen, warum wir nicht auf die zentrale Frage eines Kapitels eingegangen sind, mit der die jeweiligen Überlegungen überschrieben sind, wie etwa: **Für wen arbeite ich?** Wir geben Ihnen einen Hinweis. Wir haben ihn hier im Kleingedruckten platziert, weil Bücher nun mal keinen Beipackzettel haben.

Hier ist er: Diese Frage über jedem Kapitel *ist* die Antwort. Jedenfalls kommt sie einer Antwort so nahe, wie wir es uns in diesem »Buch ohne Antworten« erlauben möchten. Eigentlich hätten wir sie so drucken sollen, wie sich das in einem ordentlichen Rätselbuch gehört:

1 Für wen arbeite ich?

Warum? Kein Mensch liest in einem Rätselbuch die Antworten zuerst. Dann wäre es nämlich zwecklos. Und wir wünschen uns, dass Sie das auch in diesem Buch nicht tun. Wir wollen Ihre Synapsen nicht mit Imperativen verstopfen. Dieses Buch soll ein Gegenangebot sein, eine papiergewordene Auszeit von der allgegenwärtigen Sinndröhnung. Hier müssen Sie nicht suchen. Uns geht es darum, dass Sie nie aufhören, Fragen zu stellen. Sich selbst, dem Leben und gern auch uns. Darum geht es beim Relevanzdenken. Fragen Sie immer weiter, und geben Sie sich nicht mit alternativlosen Antworten zufrieden. Dann, und nur dann, werden die Antworten Sie finden.

In Ihrem Leben. Und auch in diesem Buch.

Unabhängig leben: Freiheit und Mobilität

Wie viel Freiheit vertrage ich?

Sister ohne Act

»Margarethe fährt leidenschaftlich gern Motorrad. Sie trinkt gern ein Bier mit Freunden, geht auf Partys und hat einen Freund. Eine lebenslustige Studentin.«

Klingt nach einer ganz normalen 24-Jährigen, sofern es so etwas wie »normal« überhaupt gibt. Manch einer mag vom Motorradfahren schon auf eine gewisse Freiheitsliebe dieser jungen Frau schließen. Nach einer konservativen Lebenseinstellung hört sich die Beschreibung zwar nicht wirklich an, aber auch nicht weiter aufsehenerregend. Vielleicht eine typische Kandidatin für einen Selbstfindungstrip nach Indien, eine studienabbruchsbegleitende Gründerphase oder möglicherweise eine Karriere in der Politik? Irgendjemand muss die Piraten ja retten ...

Doch die junge Dame erfüllt die Erwartungshaltung so gar nicht, die diese ersten beschreibenden Sätze über sie schüren. Um Freiheit dreht sich ihre Geschichte allerdings durchaus. Ihre ganz eigene Interpretation von Freiheit.

Inzwischen heißt die junge Studentin nicht mehr Margarethe, sondern Sr. Maria Laetitia. Das »Sr.« steht für »Schwester«. Die motorradfahrende, biertrinkende Studentin mit Freund ist inzwischen Zisterzienser-

nonne. Keine Motorräder mehr, kein Bier, kein Sex. Selbst wenn sie mitten in der Nacht mal ihre Meinung ändern würde: In ihrem Kloster in der Oberlausitz ist sie fernab der Versuchungen, die die Welt den Sündigen offeriert.
Margarethe, Pardon, Maria Laetitia vereint vermeintliche Gegensätze. Sie hat nicht etwa eine radikale Persönlichkeitsumwandlung durchgemacht: Schon in der Bier- und Motorradzeit hat sie Theologie studiert. Maria Laetitia hat es sich nicht anders *überlegt – sie hat einfach Ernst gemacht mit ihren Motiven. Immer wieder hatte sie das Kloster St. Marienstern besucht, und schließlich beschloss sie, zu bleiben. Diese Entscheidung fiel nicht über Nacht, sondern in einem langen, konsequenten Entscheidungsprozess – einschließlich Zweifeln und vieler Diskussionen mit Freunden und Familie. Auch mit dem Freund, versteht sich. Margarethe wollte es so. Sie ist keiner Heilslehre aufgesessen und keinem Traum vom »einfachen« Leben wie manch anderer.*
Einfach statt frei: Das ist die naheliegende Assoziation mit dem Klosterleben. Doch Sr. Maria Laetitia wollte es sich gerade nicht leicht machen. Freiheit ist nie leicht. Freiheit hat immer Konsequenzen und fordert stets Verantwortung. Und frei ist sie, die ehemalige Margarethe.

Maria Laetitia ist der lebende Beweis dafür, dass Freiheit ein sehr individuelles Thema ist und Mobilität auch im eigenen Kopf stattfinden kann. Ihre Freiheit besteht in der Wahlfreiheit – und ihre Wahl ist darauf gefallen, ihren Radius zu verkleinern. Von schnellen Überlandfahrten mit dem Motorrad und im Zweifel auch der großen, weiten Welt, die heute auf der Agenda der meisten Studenten steht, hat sie ihre Bewegungsfreiheit auf die Mauern von St. Marienstern beschränkt. Freiwillig. Und deshalb frei.

Sr. Maria Laetitia ist nicht allein mit ihrer Sehnsucht nach Überschaubarkeit. Auch und gerade Führungskräfte, die normalerweise um die Welt jetten und beim Aufwachen im Hotel schon mal vergessen haben, wo sie gerade sind, suchen verstärkt nach Orientierung. Sie besuchen Kurse über Achtsamkeit und Work-Life-Balance, in denen sie lernen, ihre gefühlte Omnipotenz wieder auf ein überschaubares Maß an Notwendigem herunterzubrechen. Coaches und Psychologen bringen ihnen bei, wieder auf sich selbst zu achten. Im eigenen Körper und im eigenen Kopf zu leben, nicht nur im Außen der Erwartungen und globalen Märkte. Ihren Urlaub verbringen diese Menschen wieder in einer Hütte am See in der Mitte von Nirgendwo anstatt in Miami. Freiheit heißt für sie - und nicht nur für sie - wieder Nichterreichbarkeit anstatt permanenter Erreichbarkeit. Freiheit durch Mobilfunknetz und Internet? Diese erste große Verheißung der digitalisierten Arbeitswelt hat sich schneller überlebt als die dritte Ehe von Lothar Matthäus.

Reduktion auf das Wesentliche scheint auf den ersten Blick ein Antifreiheitsprogramm zu sein. In Wirklichkeit ist es ein Phänomen einer Gesellschaft, in der ein hohes Maß an formaler Freiheit herrscht. Ein zu hohes Maß, heißt es inzwischen immer häufiger. Wohlstandsprobleme einer Gesellschaft, die glaubte, ohne persönliche Grenzen auskommen zu können, bis das »Anything goes« anfing, uns über den Kopf zu wachsen.

Der neue Luxus: die schiere Verfügbarkeit der Welt durch selbst gesetzte Grenzen in sinnhafte Muster überführen. In neue Schubladen, könnten wir auch sagen. Warum denn auch nicht? Wir haben Jahrzehnte damit verbracht, gegen das Schubladendenken anzukämpfen - nur um festzustellen, dass eine Welt so ganz ohne Schubladen ganz schön anstrengend sein kann.

Die Fragen, die sich vielen heute stellen, lauten nicht mehr: Was fange ich mit meiner Freiheit an? Wie kann ich ein möglichst mobiles Leben einrichten? Sondern umgekehrt: Wie viel Freiheit vertrage ich? Und wie mobil muss ich unbedingt sein? Was kostet die Freiheit, diese formale, eigentlich?

Das Dilemma der Vielflieger

An einem eiskalten Januarabend stecken wir beide fest. Die eine am Flughafen Düsseldorf, der andere in einem Schneegestöber in Zell am See. Der Flug von Düsseldorf nach München wurde storniert, in Zell am See ist Stau aufgrund des Schneechaos.

Eigentlich hätten wir den Abend gemeinsam verbringen wollen, aber daraus wird nun nichts. Also telefonieren wir. Wir telefonieren lange, denn etwas anderes können wir beide gerade nicht tun. Wir sprechen über alles Mögliche an diesem Abend: Beratungsprojekte, geplante Reisen, dieses Buch. Und auch über Mobilität - oder das, was wir gerade davon haben.

»So viel zur grenzenlosen Freiheit: Hier sitze ich mit meiner Bordkarte und komme nicht weiter. Tolle Sache, die grenzenlose Mobilität.«

»Du kannst wenigstens was essen! Ich stecke mit dem Auto im Schneegestöber! Ich habe Hunger. Und wer weiß, wann ich das nächste Mal auf die Toilette kann ...«

»Stimmt schon, ich kann hier was essen oder später an Bord, aber weißt du ... Manchmal habe ich keine Lust mehr auf das immer gleiche Flugzeug-Essen.«

»Da hatte wohl jemand zu viele Flüge diese Woche?«

»An manchen Tagen, Carsten, fühle ich mich eingekerkert in dem, was wir Freiheit nennen.«

Am Ende telefonieren wir vier Stunden lang und trösten uns so über den verlorenen Abend hinweg - denn so lange dauert es, bis endlich eine Maschine nach München abhebt und auf der Autobahn München in Sicht kommt.

Um eine Frage kreisen wir an diesem Abend immer wieder: Wie frei sind wir Mobilen eigentlich wirklich?

Wir beide fliegen beruflich etwa 250 000 Meilen (also über 400 000 Kilometer) im Jahr. Das reicht locker für den Komfort der Lounges und Extra-Services mit blumigen Bezeichnungen, die die Fluggesellschaften ihren besten Kunden angedeihen lassen; dort, wo man die Welt mal eben vergessen können soll, bei Espresso und einer Mahlzeit fernab des Trubels der Urlaubsreisenden.

Was natürlich nicht wirklich funktioniert. Die »busy people«, die diese Lounges bevölkern, machen jede Illusion von Freiheit effektiv zunichte. Da geht es außerhalb der Lounge, inmitten der angeschickerten Familienväter auf dem Weg nach Fuerteventura, allemal entspannter zu.

Viel fliegen gilt in bestimmten Berufsständen als das Statussymbol schlechthin. Manchen jener »Überflieger« in den Lounges ist die persönliche Meilenzahl wichtiger als jede Benchmark in ihrer Firma. Sie definieren sich darüber, dass sie auf dem Platz 1D sitzen. Als wären sie frei wie Vögel, nur weil sie ständig in der Luft sind.

Wer diesen Menschen während des Boardings beim Telefonieren zuhört, stellt alsbald fest: Niemand in der freien Welt ist unfreier als sie. Doch sie stört das nicht - im Zweifel haben sie es noch gar nicht gemerkt.

Wir beide sitzen, wenn überhaupt, eher aus praktischen Erwägungen manchmal in der Businessclass. Und wir geben zu, dass auch wir mit den Nachteilen der beruflichen Mobilität zu kämpfen haben. Vor 20 Jahren wären wir noch schief dafür angeschaut worden, so etwas überhaupt auszusprechen. Die »große Freiheit« des mobilen Arbeitslebens ist – oder war – eine der großen Errungenschaften unserer Generation. Wir nennen sie die C-Generation: C für »Corporate«. Heute spüren wir die Folgen: die Unstetigkeit, die die geforderte Mobilität in die Lebensplanung bringt, die ungesunden Nebenwirkungen des Dauerfliegens, die Auswirkungen auf das soziale Netzwerk (das reale). Und auch: wenig da sein zu können für die Mitarbeiter, die am Firmensitz dafür sorgen, dass der Laden läuft, wenn wir nicht da sind. Also meistens.

Mobilität und die Freiheiten, die sie mit sich bringt, sind für viele Menschen heute mindestens genauso viel Fluch wie Segen. An die Vorteile haben wir uns längst gewöhnt: jeden Tag in einer anderen Stadt aufwachen; flexibel für den Kunden da sein können, indem man »schnell mal rüberfliegt«; da sein können, wo die spannenden Dinge passieren.

Das Reisen an sich aber fühlt sich inzwischen eher für diejenigen als echte Freiheit an, die es zum Selbstzweck betreiben. Die in den Flieger steigen, um an ihren Urlaubsort zu gelangen und eine sichere Landung manchmal tatsächlich noch mit Applaus quittieren. Oder die das Reisen tatsächlich zu ihrem Lebensinhalt gemacht haben, wie die wachsende Zahl von Reisebloggern. Für die meisten aber ist Reisen zu einer Notwendigkeit geworden, die vieles eher erschwert als erleichtert.

Was andere am Schreibtisch mit direktem Zugriff auf ihre Mitarbeiter tun, müssen wir beispielsweise unterwegs erledigen. Das operative Tagesgeschäft geschieht bei uns im Taxi, zwischen Sicherheitskontrolle und Boarding und nachts im Hotelzim-

mer. Was Urlaubsreisende am Reisen genießen und als persönliche Freiheit betrachten, ist für Geschäftsreisende Verhandlungsmasse im Rahmen der effizienten Lebensplanung.
Davon unbeeinflusst sind die Vorteile der Mobilität, die unsere Generation als erste in vollen Zügen auskosten kann. Wir sind flexibler als jede Generation zuvor. Wir müssen bei der Arbeit und auch im Privaten keine Grenzen scheuen, können Gelegenheiten effizienter wahrnehmen, weil wir gleich morgen an jedem beliebigen Ort der Welt sein können. Wir kommen schneller voran, im wörtlichen wie im Karrieresinn.
Doch Vorankommen und Vorwärtskommen sind nicht immer das Gleiche. Je seltener man die Füße auf festem Boden hat, desto schwerer ist es, zu wissen, wo man steht. Damit gehen diejenigen am besten um, die wissen, warum sie sich das eigentlich antun.

> CKR **Wenn ich länger als drei Tage am selben Ort bleibe, wird mir langweilig. Mobilität ist für mich immer noch Freiheit, und jeder Ortswechsel potenziell sinnstiftend.** CKR

Mobilität fällt leichter und entfaltet ihre Reize immer wieder aufs Neue, wenn sie im Kopf beginnt, nicht auf der Straße oder in der Luft. Wenn wir nicht reisen, um eine Checkliste abzuhaken, sondern um uns inspirieren zu lassen. Ganz gleich, warum wir unterwegs sind: für einen Termin, einen Vortrag, ein Buch. Das Geheimnis eines erfüllten mobilen Lebens liegt darin, sich die Faszination der Mobilität zu erhalten – im Kopf frei zu bleiben, auch wenn gerade die Mobilität uns in ein terminliches Korsett zwingt. Das schafft nur, wem die Mobilität und die Frei-

heit, die sie mit sich bringt, über andere Werte gehen: Beweglichkeit statt Bindung, Wandel statt Sicherheit, Spontaneität statt Gewissheit.
Und das ist ein Trend, der sich zunehmend in sein Gegenteil verkehrt. Statt der beruflichen und physischen Mobilität, die einander bedingen, rückt gesellschaftlich inzwischen eine ganz andere Form von Mobilität in den Vordergrund. Eine, die ganz bewusst auf viele Freiheiten verzichtet, die sich die C-Generation noch hart erkämpfen musste. Eine Mobilität, die nach innen zeigt – die Reise zum Zellkern, quasi.

Die Generation der virtuell Mobilen

So selbstverständlich Mobilität im Berufsalltag heute ist, so unattraktiv erscheint sie vielen heute auch. Der Mythos der Reisefreiheit hat für viele seinen Glanz eingebüßt, seit Reisen kein Luxus für wenige mehr ist.
Wo wir uns gefragt haben: »Wie mobil *können* wir sein?«, fragen viele Vertreter der Generationen Y und Z stattdessen: »Wie mobil *müssen* wir sein?«
Einer unserer Mitarbeiter beispielsweise würde unsere Vielfliegermeilen nicht geschenkt nehmen. Nicht weil er Flugangst hat, sondern weil er aus schlichtem Mangel an Interesse noch nie geflogen ist. Klingt geradezu exotisch, ist es aber gar nicht: Er hat die fliegerische Jungfräulichkeit mit etwa jedem sechsten Düsseldorfer gemeinsam. Wie viele andere könnte er fliegen, wann immer ihm der Sinn danach steht. Aber er will das gar nicht. Das Fliegen an sich hat für ihn keinen Reiz, und die Vorstellung, von jetzt auf gleich woanders sein zu können, auch nicht. Seine Kernwerte sind statischer Natur: Familie, Gemeinschaft, Nähe.

Was nicht heißt, dass dieser Mitarbeiter nicht mobil wäre. Seinen Freiheitsdrang lebt er nur auf andere Weise aus, nämlich virtuell. Und da ist er extrem mobil, so wie viele in seiner Generation. Für ihn ist geografische Mobilität kein begehrtes Statusgut und kein Ziel, das es leidenschaftlich zu verfolgen lohnt. Sie ist ja verfügbar. Mobilität bedeutet ihm nicht Freiheit, sondern ist ein Faktor von Unfreiheit. Und das obwohl - oder gerade weil - er uns permanent reisen sieht.

Freiheit bedeutet für ihn eher: Zeit. Für Familie, Freunde und Sozialleben. Und viel Zeit für solche »statischen« Werte zu haben - da können wir ihm schwerlich widersprechen -, erfordert ein gewisses Maß an Mobilitätsverweigerung.

Vielen Unternehmen macht die nachlassende Mobilität der jungen Generationen Sorgen. Angesichts des Fachkräftemangels scheint der Umstand, dass immer weniger Menschen für ihren Job umziehen würden, ein bedrohliches Szenario zu sein. Aber ist er das wirklich?

Einiges spricht dagegen, denn die Digitalisierung verschiebt die Rahmenbedingungen erfolgreichen Wirtschaftens längst wieder hin zu kleineren Einheiten. Lokalisierung statt Globalisierung: Selbst per Definition globale Geschäftsmodelle setzen heute nicht mehr zwingend eine weltumspannende physische Präsenz voraus. Von Kreativen und Wissensarbeitern, denen nach einhelliger Meinung der Arbeitsforscher die Zukunft gehört, ganz zu schweigen. Sie könnten zwar theoretisch von jedem Ort der Welt aus arbeiten, tun das in Wahrheit aber viel seltener, als die Medien es uns weismachen wollen. »Remote« (das heißt, nicht in unmittelbarer Nähe befindlich, aber miteinander verbunden) arbeiten zu können heißt in der Realität öfter Homeoffice als Mobileoffice. Und gerade das ergibt für viele Unternehmen durchaus

Sinn, die global zwar von irgendwo aus geleitet werden, ihr Kerngeschäft aber vielmehr an vielen Orten *vor Ort* machen. Selbst ein Unternehmen wie Airbnb, dessen Geschäftsmodell die Globalisierung der Lebensgestaltung auf die Spitze treibt, profitiert von Menschen, die vor Ort verwurzelt sind. Die Gastgeber, die ihre Lebensorte vermieten, zeichnen sich gerade durch Lokalkolorit aus. Das ist ihr Beitrag zum Geschäft.

Auch Unternehmen, die auf der anderen Seite des Globus produzieren lassen, brauchen in erster Linie qualifizierte Mitarbeiter vor Ort an den Produktionsstätten. Und auch im Handel geht der Trend zunehmend wieder zu regionalen Produkten, lokalem Design, zum Austausch auf Armlänge. Von wo aus die Plattformen gesteuert werden, die diesen Handel organisieren, ist letztlich relativ egal: Für den umweltbewussten Kunden spielt es eine Rolle, wo der Bauer sitzt, von dem er seine Lebensmittel kauft – nicht, wo die Software gepflegt wird, über die die Transaktionen laufen.

Die viel gepriesenen ultramobilen Talente der globalen Wirtschaft sind keineswegs am Aussterben. Doch sie sind eine Gruppe, deren Wirkungsradius sich zunehmend auf eine relativ hohe Führungsebene beschränkt. In diesen Kreisen wird jener Form der Mobilität, die wir »Vorankommen« nennen, seit jeher ein höherer Wert eingeräumt als statischen Werten. Jedenfalls für eine gewisse Spanne in der Lebenszeit.

Doch immer mehr junge Menschen, insbesondere unter den »Millennials«, entscheiden sich ganz bewusst gegen die Priorität der Mobilität und für die Vorteile eines stetigeren Lebensstils.

Sicher auch deshalb, weil ihnen die Demografen dafür die Freigabe erteilt haben: In Zeiten, wo in fast allen Branchen qualifizierte Arbeitskräfte händeringend gesucht werden, gibt es keinen Grund mehr, anderswo mühsam neue Wurzeln schlagen zu müssen, wenn man das nicht von sich aus möchte. Letztlich hat das für die Unternehmen durchaus auch Vorteile. Einen ultramobilen High Potential hält es nämlich nie lange an einem Ort. Ein Mitarbeiter dagegen, der vor Ort bleiben möchte, ist emotional genauso an seinen Lebensort gebunden wie das Unternehmen, für das er arbeitet. Es lohnt sich, ihn aufzubauen, denn er wird mit großer Wahrscheinlichkeit bleiben.

Status, aber anders

Natürlich wäre es ein Trugschluss, zu glauben, dass den jungen Generationen das Statusdenken vollkommen fremd wäre. Um Vielfliegermeilen mögen sie sich nicht scheren, und das Auto mag für sie mehr Gebrauchsgegenstand sein als Objekt materieller Sehnsüchte. Doch auch die Generationen Y und Z befriedigen ihre Statusgelüste durch eine Form der Mobilität, nämlich die virtuelle. Nur sind sie eben nicht mehr stolz darauf, die Welt zu kennen wie ihre Westentasche, sondern darauf, sie sich umgekehrt in die Tasche stecken zu können. Vielen von ihnen gilt es als schick, sich so wenig wie möglich statt so viel wie möglich bewegen zu müssen. Ihr Statussymbol ist das Smartphone, oder vielmehr: die mobilen Lösungen für alle Fragen der Lebensgestaltung, die es ihnen bietet.

Wie eine Umfrage der Markenberatung Prophet ergeben hat, ist für mehr als die Hälfte der Menschen von 18 bis 34 ein aktuelles Smartphone wichtiger als ein aktuelles Automodell. Sie fahren lieber auf der Datenautobahn als auf der asphaltierten.

Auch wenn unsere eigene Lebensgestaltung oft noch für das Gegenteil steht: Wir können durchaus nachvollziehen, warum diese Generation den Begriff der Mobilität neu definiert. Doch

wir stellen auch die Frage, ob das eine gesunde Perspektive ist: zu glauben, man könne sich die Welt in die Tasche stecken. Rückt die Welt wirklich näher an uns heran, oder entfernen wir uns mit abnehmender Mobilität wieder von ihr?
Wir für unseren Teil möchten nicht darauf verzichten, die Welt jeden Tag aufs Neue für uns zu erobern. Ganz physisch, Reisestrapazen hin oder her: Für uns bedeutet Mobilität trotz aller Nachteile zuerst Freiheit, nicht Opfer. Und für die Arbeit zu reisen ist uns allemal lieber, als wegen der Arbeit nicht zum Reisen zu kommen.

Von Freiheit keine Ahnung

Wir wissen möglicherweise gar nicht, was wir an unserer selbstbestimmten Mobilität haben. Denn da sitzt, wie bei allen anderen Themen auch, der Relevanzkern: Sinnstiftend, produktiv und erfüllend ist auch Mobilität nur, wenn wir sie selbst kontrollieren können. Wenn wir in unserem Sinne, und überhaupt irgendwie sinngetrieben, frei sind.
Während wir unsere Grenzen wieder enger ziehen, um unsere Mobilität auf ein »erträgliches« Maß zu begrenzen, gibt es mitten unter uns eine wachsende Zahl an Menschen, die schon zufrieden damit wären, in ihrem eigenen Land frei leben zu können. Ja, überhaupt in ihrem Land leben zu können! Die Mobilität der Flüchtlinge aus Kriegsgebieten hat mit Freiheit rein gar nichts zu tun, sondern mit schierer, menschenverachtender Unfreiheit. Sich ihre Schicksale zu vergegenwärtigen, heißt überhaupt erst zu begreifen, wie existenziell bedeutsam schon eine der banalsten aller Freiheiten ist: am selbst gewählten Ort leben zu dürfen, ohne an Leib und Leben bedroht zu sein.

Fragen Sie mal einen Flüchtling aus Syrien, ob geografische Mobilität für ihn etwas Erstrebenswertes ist. Basel Taifour zum Beispiel, der heute mit Dutzenden anderen auf engstem Raum in einem Asylbewerberheim im nordwestdeutschen Ganderkesee leben »darf«, nachdem sein Haus im Bürgerkrieg zerbombt wurde. Er hat schlicht keine Heimat mehr, in die er zurückkehren könnte – weil dort der Tod an jeder Ecke lauert, oder die Einberufung ins Militär, was ungefähr auf das Gleiche hinausläuft. Mitten unter uns leben Menschen, deren Familien auf der Flucht auseinandergerissen wurden und quer über Europa verstreut sind, wenn sie überhaupt noch leben. Für sie ist es schon Freiheit, wenn es kein Bombenalarm ist, der sie morgens weckt. Diese Menschen sind nicht freiwillig mobil geworden. Jede Lebensbewegung gegen den eigenen Willen ist Unfreiheit, ebenso wie jeder Schritt, den wir mit irgendeiner Art von Bedrohung im Nacken tun.

Oder fragen Sie mal jemanden, der den Großteil seines Lebens unschuldig hinter Gittern saß, wie viel Mobilität er zum Leben bräuchte. Als die Richter zu Wiley Bridgeman und Ricky Jackson aus Cleveland/Ohio sagten: »Sie sind frei!«, war dieser Satz mit einer Bedeutung aufgeladen, die sich uns längst entzieht. Beinahe 40 Jahre haben die beiden im Gefängnis verbracht – für einen Mord, den sie nicht begangen hatten. Wir beide gingen noch in die Grundschule, als sie inhaftiert wurden. Vier Jahrzehnte nach ihrer Verurteilung gab der Kronzeuge – damals ein Kind – zu, seine Aussage unter dem Druck der ermittelnden Polizisten erfunden zu haben.

Und dann fragen Sie mal Ludwig Lübbers, wo Mobilität wirklich anfängt. Der Studienrat aus Münster kam ohne Hände, ohne Unterarme und mit nur einem Bein zur Welt. Er wurde drei, bis er gelernt hatte, auf seiner Prothese zu laufen. Mal eben Fußball

spielen mit den anderen Jungs – das gab es für ihn kaum. Für viele Verrichtungen des täglichen Lebens braucht er die Hilfe anderer Menschen, obwohl er ein umgebautes Auto fahren und seinen Beruf als Lehrer beinahe uneingeschränkt ausüben kann. »Mobilität ist Freiheit für mich«, sagt er. Und plötzlich trauen wir uns gar nicht mehr, diesen Satz für uns in Anspruch zu nehmen, der uns so logisch erscheint, so selbstverständlich.
Diese Menschen hatten keine Wahl. Sie hatten nicht das Glück, mit dem Komfort gesicherter Lebensumstände über Themen wie Freiheit und Mobilität nachzudenken. Basel Taifour hat Mobilität als Zwang erlebt. Wiley Bridgeman und Ricky Jackson die versagte Freiheit als seelische Folter. Ludwig Lübbers war unfreiwillig gezwungen, Mobilität zu seiner Lebenspriorität zu machen, um sich so frei fühlen zu können, wie es für alle anderen um ihn herum selbstverständlich war.
Ganz ehrlich: Von Freiheit, in ihrem ursprünglichen, existenziellen Sinne, haben wir doch überhaupt keine Ahnung.

Auf hohem Niveau unfrei

Was uns allerdings nicht daran hindert, über die Freiheiten zu jammern, die uns fehlen – und gleichzeitig jovial anzuerkennen, dass ja alles viel schlimmer sein könnte.
Wir sind in Deutschland auf extrem hohem Niveau unfrei, das aber ganz eloquent. Wenn wir hinter unseren bequemen Schreibtischen, auf unseren Sofas oder hinterm Steuer unseres Dienstwagens an Freiheit denken, dann meinen wir damit Dinge wie den Urlaub an der Nordsee, eine sichere Rente und mehr Freizeit für unsere Hobbys. Gefühlt sind wir wahnsinnig unfrei, denn wir haben zu selten nichts zu tun.

Eine merkwürdige Definition von Freiheit ist das: Öfter nichts zu tun haben zu wollen.
Und eigentlich ist uns das auch klar, mehr oder weniger jedenfalls. Denn bevor wir ernsthaft anfangen, Maßnahmen zu ergreifen, um freier zu werden, überlegen wir es uns ganz schnell wieder anders. Machen Sie sich mal den Spaß und konfrontieren Sie einen notorischen Jammerer mit seiner realen Freiheit: Wenn du bereit bist, die Konsequenzen zu tragen, hast du alle Freiheiten. Dann schaltet sich ganz schnell ein anderes Programm hinzu: der Blick nach unten. »Es könnte ja alles viel schlimmer sein.« Wir sind nicht nur Meister im Jammern – wir sind auch Meister darin, uns unsere Unfreiheit schönzureden.
In Wahrheit ist es keine tatsächliche Unfreiheit, die uns runterzieht, sondern genau diese unfreie Haltung. Diese Mischung aus Akzeptanz und Jammern, die jedes Freiheitspotenzial im Keim erstickt und doch den Anspruch nicht aufgeben will, uns stünde etwas Besseres zu.
Gar nichts steht uns zu. Wir alle, hier in unseren sicheren Herkunftsländern, haben genau die Freiheit, die wir uns nehmen. Und wenn wir sie uns nicht nehmen, weil wir die Konsequenzen scheuen, dann ist das niemand anderes Schuld als unsere eigene.

CKR **Die eigene Unfreiheit akzeptieren und darüber jammern — das ist ein unfreiwilliges Eingeständnis der eigenen Beschränktheit.** CKR

Die Freiheit, die uns eigentlich fehlt, ist die Fähigkeit, Verantwortung für unser Leben und unsere Entscheidungen zu übernehmen. Aber die gibt es nicht ohne Schmerzen. Und so richten wir

es uns in unserer Unfreiheit ein, denn das Ungewisse fürchten wir mehr als die Unfreiheit.
Ein Indiz dafür, dass die freiesten aller Bürger am wenigsten mit ihrer Freiheit anzufangen wissen, ist das politische Klima, das derzeit in Deutschland herrscht. Und damit meinen wir nicht einmal die Tendenz der Freiheitsverächter, am liebsten wieder Zäune um Länder oder wenigstens Kontinente ziehen zu wollen. Sondern die sinkende Bereitschaft, sich auf die Konsequenzen der Meinungs- und Wahlfreiheit einzulassen. Erst 1989 haben wir in diesem Land mit aller Leidenschaft für Freiheit demonstriert - und haben sie errungen. Und heute, noch im Morgengrauen des 21. Jahrhunderts, geht die Hälfte von uns aus lauter Überforderung an der Freiheit schon wieder nicht mehr wählen.
Wir in Westeuropa müssen uns in tiefem Ernst und ohne jeden Zynismus fragen lassen und auch selbst fragen: Haben wir unsere Freiheit verdient? Wie viel Freiheit vertragen wir denn eigentlich, bevor wir neue Mauern - physische und metaphorische - bauen wollen?
Im großen Zusammenhang der Politik und im Mikrokosmos der eigenen Lebensumstände: Zu viele Menschen in unserer freien Gesellschaft haben Angst vor der Freiheit. Nicht weil sie keine freien Menschen sein wollen - sondern weil sie vergessen haben, dass sie es schon sind.

SH **Mein Vater war der freieste Mensch, den ich kenne. Nicht weil er viel rumgekommen wäre im Leben. Vielmehr hat ihm ein Radius von etwa zehn Kilometern um den Mondsee im Salzkammergut für ein vollkommen erfülltes Leben gereicht. Doch innerhalb dieses**

Radius war er maximal frei, denn er hat sich nie verbogen. Bis in die Konsequenz, unhöflich zu wirken, ist er sich treu geblieben, einen um den anderen Tag.[SH]

Lebensmotive: Welche Freiheit zählt für mich?

Ein Schluss, den man daraus ziehen kann: Freiheit nützt nichts, wenn wir nichts damit anzufangen wissen. Mit anderen Worten: wenn wir nicht wissen, welche Freiheiten für uns überhaupt relevant sind und welche nicht.

[SH]**Freiheit bedeutet für mich, Ja zu sagen zu dem, was ich will. Und vor allem: Nein sagen zu können zu dem, was ich nicht will.**[SH]

Bei aller Skepsis vor neuen Grenzen: Dass wir uns mit der Freiheit so schwertun, ist ein Zeichen dafür, dass wir sie im Rahmen unserer Lebensgestaltung nicht zu nutzen wissen. Freiheit nützt uns offenbar nur, wenn sie uns hilft, Muster zu erkennen. In diesem Sinne kann Freiheit tatsächlich einer gesunden Abgrenzung dienen: Als Werkzeug der Unterscheidung, was wir im Leben brauchen und was nicht, wozu wir Ja sagen wollen und wozu wir Nein sagen können.
Sr. Maria Laetitia hat genau das getan: Sie hat Nein gesagt, indem sie sich gegen den Wettlauf entschied, den die Allverfügbarkeit der Welt uns beschert hat. Die Freiheit, die sie braucht, beschränkt sich auf die Mauern des Klosters, in denen ihre Seele und ihr Kopf ganz allein ihr gehören, ihr und Gott.
Jeder Mensch hat seine eigenen Lebensmotive. Deshalb braucht jeder von uns andere Freiheiten, um diesen Motiven folgen zu

können. Unfrei sein, das heißt: gegen diese Motive zu arbeiten, gegen das eigene Naturell. Viele Menschen, die sich als unfrei bezeichnen, tun das, ohne sich dessen bewusst zu sein. Zum Beispiel durch die Beziehungen, die sie wählen, wie etwa Claudia und Christoph, ein ehemaliges Paar, das wir kennen. Christophs oberstes Lebensmotiv ist und war immer ein Familienleben mit Kindern. Claudias oberstes Lebensmotiv war die Karriere. Die Beziehung der beiden ist an diesen unterschiedlichen Relevanzkriterien gescheitert.

Wie konnte das bloß passieren – dass eine solche Diskrepanz in den Lebensmotiven über viele Jahre verborgen blieb? Die Antwort ist einmal mehr: Die beiden hatten es sich in ihrer Unfreiheit eingerichtet – aus Angst vor den Konsequenzen der Freiheit. Die Beziehung hatte beide unfrei gemacht, ohne dass sie es gemerkt hatten. Anfangs hatte Christoph es noch als Scherz abgetan, wenn Claudia sagte: »Lass uns nächstes Jahr wieder über Kinder sprechen.« Aus dem Jahr wurden zwei, dann fünf, dann acht. Irgendwo unterwegs hatte Christoph eigentlich verstanden, dass Claudia keine Kinder wollte, obwohl sie es nicht aussprach. Trotzdem hielt er an ihr fest, denn er liebte sie. Er entschied sich, mehr unbewusst als klaren Kopfes, für die Beziehung – und gegen sein Naturell. Weil die Trennung ihm keine Alternative zu sein schien.

Wenn wir an entscheidenden Gabelungen im Leben Kompromisse machen, geben wir Freiheit auf. Freiheit ist, unseren Lebensmotiven zu folgen. Gegen unser Naturell zu arbeiten, macht uns unfrei.

Im Leben eignen wir uns oft Dinge an, von denen wir glauben, wir hätten sie selbst entschieden beziehungsweise gewählt. In Wahrheit handelt es sich dabei um externe Motivationsfaktoren, die mit unseren Lebensmotiven möglicherweise gar nicht konform gehen.

SH **Mit 28 habe ich an einem Seminar über Erfolgsplanung teilgenommen. Damals habe ich eine Woche lang unter Aufbietung all meiner Fantasie und entlang teils abstrusester Übungsroutinen aufgeschrieben, was ich im Leben so alles vor zu haben glaubte. 20 Jahre später fand ich diesen Ordner zufällig während eines Umzugs wieder und stellte fest: Nichts, aber auch gar nichts davon war eingetreten. All diese Ziele waren nämlich nicht meine gewesen. Vielmehr hatte ich aufgeschrieben, was man damals von mir erwartete. Die vermeintlichen Erfolgsmotive waren fremdgesteuert.** SH

Tatsächlich sind oft ganz andere Dinge für uns relevant, als wir glauben – oder man uns glauben macht.

CKR **Wie viele Menschen sind schon mit völlig überzogenen Erwartungen aus »Tschakka«-Seminaren herausgekommen, die sie dann nie erfüllen konnten? Wie viele Menschen haben der Motivationswahn und die Benchmarking-Sucht unglücklicher gemacht, als sie ohne all das je geworden wären?** CKR

Bestimmte Lebensmotive, sagen Forscher, sind wahrscheinlich sogar angeboren – doch wir entdecken sie oft erst sehr spät. Bis dahin ist es leicht, viel Zeit zu verlieren mit den Glücksideen anderer. Und mit Vorsätzen, gefasst im Verlangen, einem Ziel zu dienen, das greifbarer ist als die Freiheit des Suchenden. Die Konsequenz aus diesen Erkenntnissen kann nur sein, dass wir unsere Freiheiten maximal nutzen sollten, um unseren Lebensmotiven den Weg zu bahnen. Indem wir nicht aufhören, zu experimentieren, und uns dagegen wehren, uns zu früh festzulegen. Wenn die Relevanzexpedition mit fremdgesteuerten Motiven endet, fristen wir unser Leben in einer Sackgasse der Unfreiheit. Die Freiheiten nutzen, das heißt: nie die Freiheit aufgeben, die eigenen Motive zu hinterfragen. Die entscheidenden Freiheitsmomente sind oft eben nicht die, wo wir Ja sagen. Sondern die, wo wir Nein sagen zu Motiven, die nicht unsere eigenen sind. Nein sagen ist Freiheit.

Freiheit, eine Illusion der Mobilen?

»In gewisser Weise ist die Freiheit der Entscheidung eine Illusion«, sagt Heiko Steffens vom Institut für Berufliche Bildung und Arbeitslehre an der TU Berlin. Und meint damit, auch wenn der Forscher selbst es wohl nicht so nennen würde, die soziale Verschleierung der Lebensmotive. Die Entscheidungen, die wir treffen, sind in hohem Maße sozial geprägt, erklärt er sein Urteil. Elternhaus, Beruf der Eltern, Bildungshintergrund, Lebensstil des Freundeskreises – all diese Dinge wirken sich auf unsere eigenen Entscheidungen aus.
An jeder Gabelung in der Lebensgestaltung haben wir die Wahl zwischen Freiheit und Sicherheit. Der Schluss liegt nahe: Behütete Kinder aus konservativen Elternhäusern werden sich eher für die Sicherheit entscheiden, ihren Lebenslauf am Reißbrett ent-

werfen und durchziehen. Die Kinder von Lebenskünstlern, die in einer bunten sozialen Umgebung aufwachsen, eher für die Freiheit.

Oft, es wurde bereits erwähnt, ist es allerdings auch genau umgekehrt. Denn zu viel Sicherheit kann auch Sehnsucht nach Freiheit wecken. Und zu viel Freiheit den Wunsch nach Sicherheit. Wie im Werbespot, wo das Kind von Hippies zu seinen Eltern sagt: »Wenn ich groß bin, will ich auch mal Spießer werden.«

Der Entscheidungsforscher Ulrich Hoffrage aus Lausanne schlägt vor, dass wir uns an den Gabelungen die Frage nach der Motivation für eine Entscheidung stellen: »Würde ich es nur deshalb tun, weil es mir nützt oder vor anderen besser aussieht, oder tue ich es um der Sache selbst willen?«

Das funktioniert, wenn wir uns der eigenen Lebensmotive bewusst sind - aber nicht, wenn wir die Fremdsteuerung noch nicht überwunden haben.

Einfach das andere tun, immer »das Andere«, wäre eine naheliegende Lösung. Das, was keiner erwartet. Doch wie frei ist eine Entscheidung, die nur um der Wirkung willen getroffen wird? Ist sie nicht genauso prätentiös wie eine Entscheidung aus Statusgründen? Ein Leben für die Bestandswahrung oder ein Leben für die Flucht vor der »Normalität« - beide Antworten blenden den individuellen Antrieb aus.

CKR **Mein Stiefvater meidet Autobahnen, weil er sich dort nicht sicher fühlt, und fährt lieber Landstraße. Macht ihn das unfrei? Ich finde: Auch wer sich für Sicherheit entscheidet, hat auf seine Weise frei entschieden.** CKR

Beständigkeit auf hohem Niveau kann manchem ein erfüllteres Leben bescheren als Freiheit um jeden Preis. Auf »Sicherheitsmenschen« hinunterzuschauen ist genauso naiv, wie zu jedem »Freiheitsmenschen«, der sich für einen Eroberer hält, hinaufzuschauen. Freiheit ist nichts ohne Verantwortung. Und Sicherheit ist nichts ohne Empathie.

Tatsächlich werden wir Entscheidungen nie wirklich unbeeinflusst treffen – diese Forderung ist unrealistisch. Wir alle sind eingebunden in Verbindlichkeiten, in soziale Netzwerke jenseits des Netzes, in existenzielle Notwendigkeiten. Mobilität hat natürliche Grenzen – und die Rückbesinnung der Millennials auf konservative Werte zeigt, dass die grenzenlose Verfügbarkeit der Welt allein uns nicht automatisch glücklich macht. Wir werden nicht zufriedener und auch nicht erfolgreicher dadurch, dass wir die Erweiterung des eigenen Radius erzwingen. Wir müssen nicht zufrieden sein mit dem, was wir haben. Stillstand ist tödlich, ist es immer gewesen. Doch wir sollten auch den Sinn von Freiheiten hinterfragen. Wir können nicht alles können, und wir sind nicht alle als Eroberer geboren. Eine Gesellschaft, die nur aus Generälen besteht, kann nicht funktionieren.

Wenn alles geht und jede Entscheidung mindestens theoretisch gelebt werden kann, ist die größte Freiheit vielleicht die des Abwählens im fortlaufenden Prozess der Relevanzerprobung. Nein sagen können und weitergehen.

Für diesen Weg hat der Entscheidungsforscher Hoffrage auch eine sehr praxisorientierte Entscheidungshilfe parat: »Würde ich auch dann dafür eintreten, wenn es mit persönlichen Opfern verbunden wäre?« Das scheint uns die Relevanzfrage der Freiheit zu sein:

»Würde ich es trotzdem tun?«

Relevanz ist, wenn man bereit für den Schmerz ist. Für vier Stunden im Schneegestöber in Zell am See zum Beispiel, oder einen Abend am Flughafen bei Automatenkaffee und trockenen Brötchen. Oder auch viel, viel Dramatischeres - eine gescheiterte Karriere etwa, oder die späte Einsicht eines verpassten Lebens. Freiheit hat immer Konsequenzen - bin ich bereit, sie zu tragen?
Sr. Maria Laetitia hat diese Frage für sich mit Ja beantwortet. Sie hat Freiheiten wie die Mobilität aufgegeben, um Freiheit im Geiste zu gewinnen. Nach einem reibungsreichen Entscheidungsprozess. Sie hat erst durch den Zweifel erkannt, was für sie wirklich relevant ist.
Relevant ist etwas, wenn wir zweifeln und trotzdem Ja sagen. Und wenn wir Relevanz entdeckt haben, dann erhöht das automatisch unseren Freiheitsgrad. Auch dann, wenn es für andere nach Unfreiheit aussehen mag. Nur dann sind wir tatsächlich: *unabhängig*.

Mobilitätspioniere und ihre Entscheidungsfragen

Was, wenn sie doch eine Scheibe ist?
Trotzdem losgesegelt: Ferdinand Magellan, der erste Mensch, der die Weltumsegelung versuchte

Reichen Flügel dem Menschen, um fliegen zu können?
Trotzdem geflogen: Otto Lilienthal, erster Mensch, dem der Gleitflug gelang

Kann man im vierten Anlauf erfolgreich werden?
Trotzdem gegründet: Max Levchin, der nach drei gescheiterten Unternehmensgründungen ein weiteres, und zwar PayPal, gründete

Werden sie sich in eine Kutsche ohne Pferde setzen?
Trotzdem ans Geschäftsmodell geglaubt: Carl Benz, Erfinder des Automobils

Kann man als gescheiterter Geschäftsmann und Politiker amerikanischer Präsident werden?
Trotzdem kandidiert: Abraham Lincoln, der sich zuvor fünfmal vergeblich auf politische Ämter beworben hatte und auch als Unternehmer pleitegegangen war

Was, wenn ich einfach oben bleibe?
Trotzdem ins All geflogen: Juri Gagarin, erster Mensch im Weltall

Sind wir wirklich bereit?
Trotz Absturz eines Mitarbeiters mit Todesfolge an seiner Raumfahrtmission festgehalten: Richard Branson, Gründer von Virgin Galactic

Wird es wehtun, wenn der Fallschirm nicht aufgehen sollte?
Trotzdem gesprungen: Felix Baumgartner, der erste Mensch, der freiwillig aus der Stratosphäre fiel (und überlebte)

Erfolgreich leben: Beruf und Karriere

Für wen arbeite ich?

Herr Müller tut nix

Kurz vor sieben Uhr morgens erreicht Herr Müller die Tiefgarage. Er ist wie immer früh dran. In der Tiefgarage herrscht gähnende Leere. Müller parkt direkt neben dem Aufzug. Er fährt hoch in den vierten Stock, irgendwo in die Mitte des Gebäudes.

Frau Weller ist als Einzige aus der Abteilung schon da. Frischer Kaffeeduft schwebt durch den Flur. Das grelle Neonlicht nimmt auch um diese Zeit keine Rücksicht auf müde Gesichter. Müller holt sich sein »Käffchen«, packt die Wurststulle nebst gekochtem Ei aus, breitet die Zeitung aus und lässt sich in seinen Bürostuhl fallen. Angenehm, diese Ruhe. Das Frühstück schmeckt vorzüglich. Seine Frau hat noch eine Spreewaldgurke dazugelegt. Frau Weller ist eine Tür weiter in Aktion. Sie hat zu Hause ein üppiges Früchtemüsli vorbereitet, das sie mit einem großen Esslöffel in sich hineinschaufelt. Ein mit Sauerstoff angereichertes Mineralwasser plätschert leise in ihrem Glas. Frau Weller blättert in Gedanken versunken in der Fit for Irgendwas. *Dort steht, dass zweimal tief einzuatmen mehr Sauerstoff bringe, als einen halben Liter sauerstoffhaltiges Wasser zu trinken.*

Herr Müller hat heute Anwesenheitsdienst. Damit jemand da ist. Denn wie alle anderen in seiner Abteilung hat er eigentlich nichts zu tun.

Seit nun knapp zwei Jahren. In dieser Zeit wurde Müllers Abteilung im Rahmen einer Reorganisation zweimal neu positioniert. Zunächst aus der Mutter-AG in eine Tochter-GmbH ausgelagert. Dann wieder zurück in die AG, aber einem anderen Geschäftsbereich zugeordnet. Dort weiß man jedoch mit den Neuen nichts anzufangen. Der Bereichsleiter hat jüngst Anweisung von ganz oben erhalten, weiter abzuwarten. Nur niemandem kündigen und horrende Abfindungen zahlen. Abwarten, bis die Nix-Abteilung, so wird sie hausintern genannt, an eine andere Kostenstelle geschoben wird. Es gilt: Solange niemand die Zeche zahlen will, bleibt alles, wie es ist.

Deshalb tut Müllers Abteilung täglich so, als ob. Jeder im Konzern weiß es und spielt mit. Bei wichtigen E-Mails der Geschäftsleitung wird die »Nix-Abteilung« selbstverständlich ins cc gesetzt.

In der Nix-Abteilung sind alle stolz auf sich. »Nichtstun ist die höchste Kunst des Tuns«, hat Müller irgendwo gelesen. Tu-Verzicht, obwohl man alles Mögliche tun könnte. 16 Leute organisieren in der Nix-Abteilung täglich ihr Nichtstun. Das erfordert konsequentes Zeitmanagement. Zwei Kollegen waren kürzlich auf einem Seminar. Dort haben sie gelernt: Alle zwei Stunden eine Pause einlegen. Den Tag in Planquadrate zerlegen und mit der Prioritätenliste in Gleichklang bringen. Nicht zu viele Aufgaben gleichzeitig erledigen. Seit die beiden zurück sind, quatschen sie ständig nur noch über Zeitmanagement und wie man Zeit spart, um die wirklich wichtigen Dinge im Leben in Angriff zu nehmen. Müller lässt seine Gedanken schweifen. Zeitmanagement für Nichtstuer – ob das funktioniert? Klar: Auch ein Nichtstuer muss lernen, sich zu organisieren. Um das Richtige nicht zu tun. Sich organisieren und Ordnung halten, um das Notwendige nicht zu tun. Ordnung ist das halbe Nichtstun.

Und was tue ich, wenn ich nichts tue? Eine ganze Menge, sagt sich Müller. Der Nichtstuer sucht inmitten eines riesigen Tu-Angebots das richtige Nicht-Tun. Vergleichbar einem Manager, der auf seinem unordentlichen Schreibtisch nach einem wichtigen Stück Papier kramt, steht der Nichtstuer vor einem riesigen Tu-Meer. Genies haben immer volle Schreibtische, und Schreibtisch-Minimalisten tun auch immer nur das Allernötigste. Das hat Müller auch irgendwo gelesen. Sein Schreibtisch ist deshalb immer voll, gepflegt voll. Was er aus diesem Tun fischt, ist seine Sache.

Müller blickt aus dem Fenster. Er sieht den Wolken zu. Seit Tagen schon versucht er zu erraten, wann eine Minute vorüber ist. Er drückt auf die Stoppuhr, dreht sie um und wartet dann geduldig. Wichtig ist, nicht mitzuzählen. Einfach nur dem Himmel zusehen und fühlen, wann die Minute vorüber ist. Jetzt! 47 Sekunden, zu wenig. Eine Minute ist verdammt lang.

Müller ruft noch schnell im Internet die neuesten Aktienkurse ab. Telefoniert mit einem Bekannten in der Sparkasse. Meldet sich online bei einem Sportwetten-Dienst an. Blättert im Katalog eines großen Reiseveranstalters. Holt sich um die Ecke eine Bockwurst mit Curry. Kleckert auf die neue Leinenhose. Repariert Frau Wellers Bürostuhl, wo ein Laufrad klemmt. Macht einen Termin beim Zahnarzt aus. Fragt bei Händlern die Preise für neue Leichtmetallräder ab.

Ein ganz normaler Vormittag. Keine besonderen Vorkommnisse.

4470 Euro brutto verdient Müller monatlich. Ohne das 13. und 14., ohne Urlaubs- und Weihnachtsgeld. Eine Zahl, die ihm öfter durch den Kopf schießt. Was tun, wenn er sie nicht mehr hätte? Er wäre erledigt, denkt er sich. Er müsste die Wohnung und das Auto verkaufen. »Ich verdiene 4470 Euro monatlich plus zwei Monatsgehälter extra plus Urlaubs- und Weihnachtsgeld. Nichts kann passieren. Ich bin ein ganz normaler Angestellter mit einem ganz normalen Job.«

Diese Geschichte hat sich übrigens tatsächlich so ereignet. Sie mögen beim Lesen schmunzeln, aber vielleicht fühlen Sie sich auch ein kleines bisschen ertappt. Bleiben wir ehrlich: Jeder von uns kennt diese Leerlaufzeiten im Job, in denen nichts passiert und man die Zeit totschlägt. Auch wir.

CKR **Ich hatte als Hotelmanager mal neun Monate lang nichts zu tun. Gar nichts. Ich musste auf die Entscheidung warten, ob und wie das Hotel renoviert werden sollte. Es war eine frustrierende Zeit. Irgendwann begann ich, jeden Tag Sport zu machen und meine Fitness zu verbessern. Und ich fing an, Stephen Covey zu lesen, um mich intellektuell am Leben zu erhalten. Am Ende dieses unfreiwilligen Sabbaticals war ich körperlich und geistig gestählt. Schließlich wurde ich in die USA versetzt.** CKR

Aus jeder Situation lässt sich das Optimum für einen selbst herausholen. In der Nix-Abteilung genauso wie in einem hochfrequenten Arbeitsumfeld kann man lernen, in jedem Augenblick der oder die Beste zu sein. Auch wenn das nach außen manchmal egoistisch wirken mag.

Ist das verständlich? Aber sicher ist das verständlich. Und ist das richtig? Oder ist das falsch? Ja, zu beidem. Je nach Blickwinkel.

Herr Müller holt in der Nix-Abteilung das Optimum für sich heraus. Damit fällt er nicht auf, weder positiv noch negativ. Er ist der Beste, der er sein kann.

Ist das Karriere?

Karrierefragen und warum wir sie stellen

Sind wir das auch - die Besten, die wir sein können? Diese Frage haben wir beide uns unabhängig voneinander gerade sehr intensiv gestellt, als wir uns kennenlernten. Das war ein verbindendes Moment - das erste von vielen. Daraus ist viel entstanden: ein gemeinsames Unternehmen, gemeinsame Reisen, gemeinsame Bücher, zum Beispiel. Doch am Anfang war diese Frage - und einige andere, die in diesem Buch ebenfalls noch eine Rolle spielen werden.
Durch unsere »Karrieren«, oder wie immer man das nennen möchte, hatten wir beide einen Platz im Leben erreicht, wo man sich zweimal Gedanken darüber macht, wie es weitergeht. An einem bestimmten Punkt könnte man ja komfortabel einfach so weitermachen wie bisher, in dem Wissen, dass es einem nicht schlecht gehen wird. Die meisten tun das auch und treffen damit wahrscheinlich die richtige Entscheidung für sich.
Bei uns folgte an dieser Stelle eine wichtige Erkenntnis von vielen, an denen wir unsere Seelenverwandtschaft erkannten: Darauf hatten wir beide so gar keine Lust. Wir litten sogar unter der Vorstellung, dass es einfach immer so weitergehen würde. Lieber etwas Neues wagen und das Risiko des Scheiterns in Kauf nehmen, als in einem Kompromiss steckenzubleiben.

> CKR **Ich bin ein Zwangsoptimist. Selbst in Augenblicken, wo Scheitern und Misserfolg drohen, gehe ich schnell einen Schritt weiter und versuche, das Gute im Moment zu sehen. Ich versuche einfach, die Konsequenzen meines Tuns auszuhalten.** CKR

Ein Kompromiss ist es nämlich immer dann, wenn man stehen bleibt, obwohl man immer noch etwas anders, nein: besser machen könnte. Es ist immer ein Zugeständnis an äußere Umstände oder die eigene Trägheit.
Aus diesen Gedanken entstand zuerst unsere Managementberatung RichtigRichtig.com und wenig später unser erstes gemeinsames Buch *Das beste Anderssein ist Bessersein*. Beide, RichtigRichtig.com insbesondere, waren zuerst einmal Wagnisse. Wenn Sie sich wie wir damals seit Jahrzehnten konsequent in eine Richtung positioniert haben, bewusst oder unbewusst, dann kennen Sie den Effekt vielleicht schon. Wenn Sie gerade am Anfang Ihrer Karriere stehen und noch nicht festgelegt werden wollen, haben wir Sie hiermit gewarnt. Die eine von uns war von außen betrachtet »die Service-Expertin«, der andere »der Grand Hotelier«. Beides nicht falsch, obwohl wir unabhängig voneinander schon damals noch einiges andere waren und taten. In diese Schubladen hatten wir uns mit unseren Karrieren bis zu diesem Punkt hineingearbeitet, mehr oder weniger absichtlich. Erschöpfend fanden wir diese Etikettierung jedoch nicht. Auch in diesem Punkt waren wir uns von Anfang an einig. Niemand wird Expertin oder Grand Hotelier, um Expertin oder Grand Hotelier zu werden. Wie Glück und Liebe und Erfolg sind das nur Worte. Wir ergreifen einen Beruf nicht, um etwas zu werden, sondern weil dieser Beruf eine Resonanz in unserer Persönlichkeit findet. Weil man etwa eine Leidenschaft für den Umgang mit Menschen hat, oder weil man raus in die weite Welt will.
Je nachdem, welches Ausmaß die Leidenschaft und die Energiereserven haben, kann dieser Beruf ausreichen, um die Hoffnungen zu erfüllen und uns für den Rest unseres Lebens auszulasten. Oder eben nicht.

In letzterem Fall biegt man ab und versucht etwas Neues - egal, wie oft man zuvor schon abgebogen ist. Egal, wie hoch das Risiko des Scheiterns ist. Wir erkannten schnell: Dazu waren wir beide bereit. Und fast genauso schnell beschlossen wir, diesen Weg gemeinsam einzuschlagen und das Risiko des Scheiterns miteinander zu teilen.

In dieser Phase begannen wir, neu darüber nachzudenken, was das eigentlich ist: Karriere. Und was Beruf und Karriere und die Leidenschaft dahinter eigentlich miteinander zu tun haben. Schnell stellten wir fest, dass andere davon eine ganz andere Vorstellung haben als wir und schon den Begriff »Karriere« ganz anders bewerten. Für viele ist Karriere das, was passiert, während man andere Pläne macht. Für viele andere ist es das einzig Erstrebenswerte, der Königsweg der Lebensgestaltung im Großen und Ganzen. Für wieder andere heißt Karriere einfach, die Gelegenheiten zu pflücken, die das Leben ihnen hinwirft. Für viele, wie Herrn Müller, heißt Karriere, ein unbestimmtes Nichts sehr konsequent zu verwalten.

Da versuchten wir, damit aufzuhören, zu bewerten, und damit anzufangen, zu beobachten. Und: Fragen zu stellen. Uns selbst und anderen.

Alles easy. Oder: Wer die Wahl hat, hat besser ein Navi

Wer scheinbar ausweglos verstrickt ist an irgendeinem Punkt auf dem Weg namens Karriere, ist oft bewegungsunfähig. Er kann sich nicht mehr lösen.

Ein möglicher Ausweg: Nicht immer über alles nachdenken, sondern mit seinem Tun, egal wie und was, verschmelzen. Gelegenheiten sind Freiheitsgrade. Je mehr ich den Moment wahrnehme, umso freier fühle ich mich. Ständig andocken ist die Devise. Wer sich intensiv ins Leben stürzt, wird auch belohnt.

Klingt wie der Rat, den Sie vom Job-Agenten in der Arbeitsagentur nie bekommen werden: »Leben Sie einfach mal, dann wird sich die richtige Gelegenheit schon finden!« Wieso bloß gibt uns niemand tatsächlich diesen Rat? Schließlich heben die Demografen seit Jahren kollektiv die Daumen, was eine entspannte Haltung zur eigenen Zukunft betrifft: Wer heute jung ist, muss sich über die nächsten Jahrzehnte keine Sorgen machen, heißt es. Deutschland ist massiv überaltert, schon in der absehbaren Zukunft fehlen bis zu sieben Millionen Arbeitskräfte. Händeringend suchen die Unternehmen nach Arbeitswilligen, nach Auszubildenden genauso wie nach Hochqualifizierten (gibt es da einen Unterschied?). »Alles easy« in der neuen Arbeitswelt. Also lassen Sie die Dinge einfach mal laufen!

Der Demografie-Kick nützt nur Herrn Müller nichts mehr, der ist nämlich nicht mehr jung. Ihm winkt keine Belohnung dafür, dass er immer der Beste war, der er sein konnte. Früher, als es viel zu tun gab, und jetzt, wo es nichts zu tun gibt. All das Nichtstun und Vieltun war umsonst, wenn seine Abteilung irgendwann doch noch geschlossen wird und Herr Müller keine zündende Idee hat. Auch das ist so eine Definition von Karriere: Die eine zündende Idee haben, und dann hat man ausgesorgt. Das gibt es durchaus immer mal wieder. Statistisch betrachtet ist die Wahrscheinlichkeit allerdings verschwindend gering – wenn auch etwas größer als die, vom Blitz getroffen zu werden oder mit dem Flugzeug abzustürzen.

Die Verheißungen der gesellschaftlichen Runderneuerung scheinen aber auch viele Junge nicht zum Umdenken zu bewegen.

Herr Müller ist nicht allein mit seiner Hoffnung auf einen geraden Weg bis zur Rente. Diese Einsicht verdanken wir einem jungen Mann, der sich bei RichtigRichtig.com auf einen Job beworben hat. Nennen wir ihn Tobias. Ihn hatten die Demografen offenbar auch nicht überzeugt.

Bei Einstellungsgesprächen machen wir überdeutlich: »Bei RichtigRichtig darf man sich nicht einbringen. Man muss. Eigenverantwortung gehört bei uns zur Unternehmenskultur. Wir sitzen nicht auf Ihrem Schoß.«

Die meisten sind begeistert, das zu hören. Immerhin wird dieser Gedanke von Marktforschern und Coaches seit Jahren lautstark propagiert: Mitbestimmung und Selbstverantwortung sind in. Tätigkeitsbereiche selbst bestimmen, sich eigene Spielräume suchen und nutzen, sich einbringen ins Geschäft, dem Unternehmen seinen Stempel aufdrücken, Mitunternehmer sein. Klingt super!

Tobias sah das anders. Und er wusste auch sehr genau, warum: »Ich brauche klare Strukturen und Weisungen. Ich bin sehr gut im Abarbeiten, schnell und effektiv. Wenn ich weiß, was ich zu tun habe. Dieses offene, individuelle Arbeiten, selbst Themen zu entdecken und seine Stellenbeschreibung quasi selbst zu erfinden, das liegt mir nicht so.«

Wir bedankten uns bei Tobias für das Gespräch und für seine Offenheit. Nicht ironisch, sondern ganz ehrlich, denn wir haben viel daraus gelernt. Zum Beispiel nicht alles zu glauben, was die Medien uns über eine bestimmte Generation erzählen. Auch in der Generation Y gibt es Müllers. Es hat sie immer gegeben, und sie werden gebraucht. Wenn es darum geht, Kreativität und Verantwortung zusammenzubringen, sind Kompetenzen und eine Hingabe an die Arbeit gefragt, die sich eben nicht mit jedermanns Selbstbeschreibung und Lebensplanung decken. Und auf die nicht jeder Lust hat.

Womit wir keineswegs sagen wollen, dass Tobias, der schlau und redegewandt und übrigens brutal hoch qualifiziert war, nicht wusste, was er wollte. Dass er ziellos oder unmotiviert oder sonst irgendetwas war, was seiner Altersgruppe genauso wenig zu unterstellen ist wie irgendeiner anderen.

Es gibt noch andere Dinge im Leben als Arbeit. Für immer mehr Menschen gibt es, machen wir uns nichts vor, Wichtigeres im Leben als Beruf und Karriere.

Aus seiner Sicht hat der junge Mann im Bewerbungsgespräch alles richtig gemacht. Sein Blickwinkel auf den Job war einfach ein anderer als unserer. Und keiner von uns hat zu viel verlangt, niemand hat an diesem Tag das Falsche oder das Richtige gesagt. Er wünschte sich einen Arbeitgeber, der ihm Arbeit gibt. Wir wünschen uns Arbeitnehmer, die sich ein bisschen mehr nehmen als nur die Arbeit. Aber das will nun mal nicht jeder.

Tobias ist übrigens nach einer Auszeit wieder zurück in die Bank gegangen, in der er schon einmal gearbeitet hatte. Und dazu können wir ihn ehrlichen Herzens beglückwünschen. Er wird seine Sache gut machen, für sich und für seinen Arbeitgeber.

Vergleichsneurosen. Oder: Erfolg ist immer das, was die anderen haben

Viele Karriereberater raten dazu, eher den eigenen Neigungen zu folgen als dem schnöden Mammon. Der Erfolg folgt nämlich einem erfüllten Tun, nicht umgekehrt. Und Karriere ist längst nicht mehr der steinige Weg von unten nach oben mit Beulen und blauen Flecken, sondern vielmehr ein Trial-and-Error-Roadmovie mit abwechslungsreichen Episoden.
Das war einmal anders. Früher war Erfolg einzig und allein durch Leistung definiert. Wer dauerhaft nach einem festgelegten Muster ablieferte, wurde mit Eigenheim, Traumurlaub und - je nach Leistungsintensität - einem komfortablen bis feudalen Leben belohnt. Früher war Anpassung Trumpf, und zündende Ideen waren halsbrecherische Unternehmungen für die ganz Hartgesottenen.
Wir haben diese Zeiten unabhängig voneinander erlebt - und lange bevor wir uns kannten beschlossen, die Halsbrecher-Route zu gehen. Allerdings aus unterschiedlichen Motiven heraus.

CKR **Ich wusste schon früh im Laufe meiner Karriere als Führungskraft in der Grand Hotellerie, dass ich mich einmal selbstständig machen würde. Als ich in die Branche einstieg, war es mir zwar noch nicht klar. Doch mit der Verantwortung wuchs die Notwendigkeit, mich anzupassen. Gefühlt konnte ich immer weniger von meinen Ideen verwirklichen, je höher ich in der Hierarchie stieg. Ich widersetzte mich so gut es ging, aber ich wusste: Das hältst du nicht ewig aus. Zu vieles von dem, was mein Berufsleben**

bestimmte, erschien mir eben nicht relevant. Und was mir relevant erschien, bekam zu wenig Raum — bis ich mich selbstständig machte.[CKR]

Einer von uns traf also inmitten des Erfolgs und bei aufsteigender Karrierekurve die Entscheidung, dass die Corporate-Karriere für ihn endlich sein würde. Denn egal, wie viel Leistung in die Karriere hineinfloss: Das war nicht die Art von Erfolg, auf die es für ihn persönlich ankam.

[SH]**Mir haben meine Karrieren immer klare Signale gesendet, wenn es Zeit für etwas Neues war. Rückblickend schätze ich jeden Abschnitt meines Berufswegs für seine Lehren. Doch ich habe auch immer sehr deutlich gespürt, wenn sich dieser Abschnitt erschöpft hatte. Auch was ich in dieser Zeit getan habe, hat sich immer auf irgendeine Weise relevant angefühlt — nur irgendwann eben nicht mehr relevant *für mich*.**[SH]

Wir beide haben unsere Karrieren in hohem Maße über Leistung aufgebaut. Sinn zählte da noch nicht so viel - doch das Bedürfnis danach wuchs mit dem Wunsch nach Unabhängigkeit. Kennen Sie das auch, oder sind Sie sogar schon über die Sinnfrage in Ihren beruflichen Werdegang eingestiegen? Gehören Sie zu den Glücklichen, die von Anfang an nach einem klaren Sinnbekenntnis entscheiden konnten, wie viel und was Sie zu leisten bereit sind?

Es ist nämlich so: Heute ist Erfolg nur noch schwer ohne Sinnversprechen zu haben, aber durchaus ohne Leistung. Oben ist,

wer sich erfolgreich inszeniert. Jeder hat eine Chance. Erfolg ist die größtmögliche Übereinstimmung zwischen persönlichen Hoffnungen, Plänen und Zielen und der Möglichkeit, sie umzusetzen. Entdecker gesucht! Erfolg basiert auf der Vernetzung der eigenen Bedürfnisse mit gesellschaftlicher Zukunftsfähigkeit. Jeder tut, was er will – und das bekommt er auch.
Erfolg ist heute nicht mehr die Folge von Leistung, sondern die Folge des produktiven Auslebens der eigenen Persönlichkeit.

> CKR **Das Motto lautet nicht mehr: »Ich weiß, wie ich am besten abzocken und mühelos durchs Leben sprinten kann«, sondern: »Ich weiß, was ich für mich und andere tun kann.«** CKR

Diese Feststellung zieht zwei lange Entdeckungspfade nach sich:

- Erstens sich selbst zu erkunden, um dann
- zweitens mit anderen gemeinsame Zukünfte zu erproben.

Manche brauchen für den ersten dieser beiden Pfade lediglich ein Gespräch mit dem Karriereberater und vielleicht noch ein Praktikum. Dann steht die eine Zukunft fest und füllt den Rest des Lebens, oder vielmehr: des Arbeitslebens. Bei anderen dauern einer oder beide Pfade ihr ganzes Leben lang an und gehen weit über das Arbeitsleben hinaus: Ihre Arbeit ist ihr Leben, ihr Leben ist ein Projekt.
Interessanterweise sind es meist Letztere, die sich eben nicht als Sklaven des Erfolgs beschreiben. Die sich ihrer Karriere nicht unterordnen und sich auch nicht über ihren Beruf definieren, sondern als Entdecker ihrer eigenen Welt. Und deshalb betrachten

sie ihre Beziehungen - mit Arbeitgebern, Kollegen und Partnern - auch nicht als Abhängigkeiten, sondern als gelebte Vernetzungsmomente. Sie ordnen sich nicht einem irgendwie »vorgesetzten« Planungskomitee unter, sondern gestalten ihr Netzwerk mit, um und neu. Sie sind relevant in ihren Gruppen, weil sie aus eigenem Antrieb heraus wirksam sind. Und die Gemeinschaft verleiht ihnen Relevanz, weil Wirkung immer einen Sender und einen Empfänger braucht.

Die eigene Relevanz in einem gesellschaftlich bedeutsamen Kontext zu finden: Das ist das Ziel des ersten Weges. Sie zum Wirken zu bringen, also für die Zukunft in diesem Kontext produktiv zu machen, das Ziel des zweiten Weges. Herr Müller in der Nix-Abteilung kann diesen noch recht effizient umgehen, doch in immer mehr Branchen ist das ein Ding der Unmöglichkeit.

»Der alte Apparat trainiert und bewertet Einzelleistungen«, meint der Arbeitsforscher Ulrich Weinberg, der sich mit der Transformation von Arbeitsprozessen beschäftigt. »Jeder kämpft für sich. Was wir aber brauchen in der vernetzten Welt, ist Teamarbeit. In der Gemeinschaft sind wir intelligenter, leistungsstärker und flexibler.« Keine Frage: Die Fähigkeit, vernetzt im Team zu arbeiten, hat Zukunft. Doch auch sie hat eine Kehrseite: Achtung vor der Schwarmdummheit!

Wir meinen: Nicht nur die Teamwork-Kompetenz des Einzelnen muss gestärkt werden, sondern auch die Beziehungsqualität zwischen Mensch und Gesellschaft. Denn hier liegt die Zukunft dessen, was wir heute noch Erfolg nennen - in Ermangelung eines anderen Begriffs. »Erfolg« klingt immer noch nach folgen, doch nicht jedermann folgt mehr diesem Ziel. Für alle anderen besteht der Erfolg nicht mehr darin, es »zu etwas zu bringen«, also mehr von irgendetwas geschafft zu haben als andere. Sie haben sich aus dem Klammergriff der Vergleichsneurose gelöst: in dem, was alle anderen auch tun, besser sein zu wollen als alle anderen. Erfolg in ihrem Sinne ist kein Abgrenzungskriterium mehr, sondern ein Vernetzungskriterium. Er zeigt ein Bewusstsein darüber an, inwiefern die eigene Person in Resonanz mit anderen steht. Umfeldbewusst *mit* anderen wirken, statt selbstbewusst *auf* andere wirken.

Eine Gesellschaft definiert ihre Freiheit immer über den Selbstbestimmungsgrad ihrer Mitglieder. Menschen müssen sich frei entfalten dürfen. Integrativ oder gestalterisch – oder alles auf der weiten, weiten Skala dazwischen. Persönliche Relevanz ist immer direkt an den eigenen Freiheitsgrad geknüpft. Das erfordert einerseits Menschen, die sich selbst erkunden und dabei erfahren, was sie wollen. Und es erfordert andererseits eine Gesellschaft, welche die Bedürfnisse »ihrer« Menschen in den Mittelpunkt ihres Tuns stellt.

Eine zentrale Relevanzfrage für berufliche Erfüllung, formerly known as Erfolg, ist deshalb: Im Bewusstsein welcher Freiheit habe ich mich für meinen Weg entschieden? Die Antwort ist das selbst gewählte Relevanzkriterium. Daran schließt sich die Frage an: Wie viel von dieser Freiheit spüre ich heute noch?

Je höher der gefühlte Freiheitsgrad, desto höher die Motivation, diesen Weg auszureizen.

SH **Als ich kurz nach dem Abi mit einer Freundin in meinen Studienort Wien fuhr, habe ich diese Freiheit zum ersten Mal intensiv gespürt. Damals im Auto dachte ich: »Jetzt habe ich die Wahl. Ab heute kann ich allein entscheiden, was aus meinem Leben wird.« Rückblickend ist mein Leben in vielerlei Hinsicht ganz**

anders verlaufen, als ich es mir damals vorstellte. Doch dieses Lebensgefühl, diese Sehnsucht nach persönlicher Freiheit treibt mich immer noch an.[SH]

Warum Sie Ihren Lebenslauf ruhig mal knicken können

Skeptiker sagen: Man könne doch in der heutigen rauen Arbeitswelt nicht machen, was man wolle. Nicht auffallen und Schnauze halten sichere mehr Arbeitsplätze als kreatives Aufbegehren und Mitgestaltenwollen.

Messen wir diese Feststellung einmal an einem Szenario von der Zukunft der Arbeit, das sich inzwischen recht klar am Horizont abzeichnet: Ähnlich der industriellen Revolution könnte die digitale Revolution laut Schätzungen 25 Prozent aller Jobs vernichten. Was passiert dann? Eine mögliche Antwort: Anstatt immer mehr für uns selbst anzuhäufen, teilen wir freiwillig miteinander. Das wäre eine Revolution für sich in der Zivilisationsgeschichte. Die Alternativen haben wir erlebt: den Krieg zum Zwecke der Neuverteilung und die Zwangsverteilung nach Art des kommunistischen Modells.

Freiwilliges Teilen statt immer mehr Arbeit: Ist das wirklich so unrealistisch? Glauben wir den Zukunftsforschern, müssen wir uns damit abfinden, dass es immer weniger Arbeit geben wird. Längst können sie mit ihren Algorithmen das Digitalisierungs- und damit Abschaffungsrisiko einzelner Jobs ermitteln – mit ernüchternden Ergebnissen. Roboter können in absehbarer Zukunft vieles besser als wir Menschen, vom Buchhalten bis zur fein säuberlichen Verarbeitung von Schweinehälften. Übers Teilen nachzudenken scheint eine gute Idee zu sein. Die zahlreichen

Tauschbörsen, die online sprießen wie Pilze, lassen darauf schließen, dass viele Menschen sich längst darauf einrichten.
Wenn es nach den Zukunftsforschern geht, sind die Tage der alten Arbeitswelt so gut wie gezählt. Das amerikanische Karriereportal CareerPlanner.com hat vor einigen Jahren bereits eine interessante Übersicht veröffentlicht, welche Berufe sich auch in Zukunft für eine, nennen wir es Karriere eignen. Sie kennzeichnet »ein hoher Grad an Mehrdeutigkeit (Management, Berater, Coaches), die Notwendigkeit eines tiefen kulturellen Verständnisses (Autoren, Marketing, Werbung, Künstler), die Notwendigkeit zur Zusammenarbeit in Teams (Film und Fernsehen) oder die Wichtigkeit der Nähe zum Kunden (medizinische Berufe, Handwerker)«. Das sind Berufe, die in besonderer Weise mit dem Fortschritt und dem Wandel des Zeitgeists umgehen müssen. Die Handwerker eingeschlossen. Diese neue Arbeitswelt erfordert selbstbewusste Menschen, die sich permanent vergewissern, wer sie sind und was sie machen möchten. Relevanzdenker nennen wir sie.

> SH **Wenn ich meine Karriere reflektiere, kann ich nicht behaupten: »Ich hatte einen Plan.« Eines aber zieht sich durch mein Leben wie ein roter Faden: Ich bin keine Suchende, sondern eine Findende. Ich bin so oft aufgestanden, wie ich hingefallen bin. Alleine das ist schon ein Privileg. Meistens war ich ganz leichtfüßig und schnell wieder auf den Beinen, doch manchmal musste ich mich auch quälen, um wieder aufrecht zu stehen. Da blieb schon mal eine kleine Narbe auf dem Knie und auch in meinem Herzen. Öfter aber: ein Grinsen im Gesicht, über mich selbst.** SH

Welche prägenden Momente – Abenteuer oder Krisen – uns auch immer bei unseren Entscheidungen leiten: *Was relevant ist, erkennen wir, wenn wir eine Wirkung spüren.* Etwa wenn uns etwas oder jemand rettet. Wenn uns etwas mitreißt. Wenn wir sehen, was wir selbst auszulösen vermögen.
Brüche sind Relevanzmomente. Denen, die einem geradlinigen Pfad folgen, geben sie Anlass zur Dankbarkeit, wenn sie ihren Weg danach wieder aufnehmen und bestätigt sehen. Und denen, die offen sind für das Leben und die neuen Möglichkeiten der Arbeitswelt, können sie sogar Türen öffnen.
Unsere Neigungen und Talente schicken uns auf eine Reise. Sie mögen die Richtung bestimmen. Doch welche Abzweigung wir letztlich nehmen – das ist eine Frage *erlebter Wirksamkeit*. Und die kann kein Karriereberater vorwegnehmen.

Relevanz kennt keinen Feierabend

> CKR **Ich bin Unternehmer. Das ist eher eine Lebensweise als ein Beruf. Unternehmer zu sein heißt nicht einfach, Geld zu verdienen, sondern Dinge zu bewegen. Im Gegensatz zum Arbeitnehmer, der eine konkrete Funktion im Unternehmen innehat, investiert man als Unternehmer mit allem, was man tut — und tanzt deshalb auf vielen Hochzeiten.** CKR

Eines scheint den jungen Generationen besser zu gelingen als den Kindern des Wirtschaftswunders: Sie definieren sich weniger über ihren Beruf. Sie beanspruchen ein Recht, das sich früher höchstens die Multi-Entrepreneure und Grenzgänger unter uns nahmen: Ihr Beruf beendet nicht mehr den Dialog darüber, wer sie sind.

Mit dieser Frage foltern wir uns in Deutschland geradezu ritualisiert: »Und, was machen Sie so?« Eine Zumutung, echauffierte sich ein Autor in der FAZ ganz zu Recht: »Diese unsäglichste aller Floskeln zielt direkt ins Herz des ungebrochenen bürgerlichen Selbstverständnisses: des Berufs. Es ist eine sublimierte Aufforderung zum Duell. Wenn man im Wilden Westen jemanden herausfordern wollte, knurrte man: ›Zieh!‹ Heute fragt man: ›Und, was machen Sie so?‹«

In Kreisen extrem hoch qualifizierter Globetrotter auf Sinnsuche unter 35 dagegen können Sie gewaltig auffallen, indem Sie die Berufsfrage stellen. Da überraschen Sie dafür niemanden, wenn Sie sagen: »Ich habe meinen gut bezahlten und unbefristeten Job gekündigt, bin mit dem Rucksack um die Welt gereist und habe mich ein paar Monate um streunende Hunde in Mexiko gekümmert. Jetzt denke ich darüber nach, einen Fair-Trade-Coffeeshop in Berlin-Neukölln zu gründen, der keinen Gewinn abwerfen soll.«

Unter den jungen Erprobern sorgen Sie vielmehr mit der Aussage für Irritation, dass Sie seit 30 Jahren für die gleiche Bank arbeiten und dort »Karriere« gemacht hätten. Wenn Sie Pech haben, werden Sie mit einem mitleidigen Blick bedacht. Wer hätte gedacht, dass »Karriere« mal ein Schimpfwort werden könnte?

Tobias, der junge Mann, der sich bei uns beworben hat, genau derselben Altersgruppe zugehörig, hätte Sie dagegen wohl zu Ihrem Stehvermögen beglückwünscht.

Doch auch er wird sich wahrscheinlich mit Händen und Füßen dagegen wehren, darauf reduziert zu werden, was er werktags von 9 bis 17 Uhr macht. Möglicherweise ist er nach 17 Uhr eine ganz große Nummer auf YouTube. Oder steht die halbe Nacht lang in einem Flüchtlingsheim und verteilt Hilfsgüter – und weiß ganz genau, warum er das tut. Die Generationen der Findenden haben ganz neue Antworten auf die Frage der Vergleichsneurotiker: »Und was machen Sie so?«

Und diejenigen, die ihr Leben als Projekt sehen und ihren Beruf als Facette dieses Projekts, die werden ganz von selbst anfangen, von ihrer Arbeit zu erzählen. Man muss sie nicht dazu zwingen.

Der Beruf ist heute nur eines von vielen möglichen Wirkungsfeldern. Und Karriere nur eine von vielen Möglichkeiten, die Frage nach der persönlichen Relevanz zu beantworten. Egal, ob man eine hat oder nicht, eine will oder nicht, oder eine allein noch längst nicht genug ist.

Karriere neu denken

Vielleicht ist das der zentrale Unterschied zwischen Karriere früher und Karriere heute: Wenn alles geht und nichts muss, dann ist jede persönliche Entscheidung ungleich schwieriger und ungleich folgenreicher. Wir alle werden plötzlich mit Sinnangeboten überschwemmt. Die Auswahl ist dadurch nicht leichter, sondern schwerer geworden. Und »Karriere« zu einem hochkomplexen Patchwork aus Erfahrungen, Erwartungen und Experimenten.

Die große Chance, die sich dahinter verbirgt: Früher mussten die meisten darauf warten, ermächtigt zu werden – um tagsüber im Büro der sein zu dürfen, der sie sein wollten. Heute können wir alle uns selbst ermächtigen. Wir haben die Wahl. Wer sie nicht treffen will, der verzichtet auch heute weiter bewusst dar-

auf – wie früher. Wem »nine to five« nicht so wichtig ist, der sucht sich seinen Sinn eben »five to nine«. Und wem »nine to five« zu kurz greift, der ordnet seine Karriere dem übergreifenden Lebensprojektplan unter. Oder wird Unternehmer – auch das wie früher.
Fassen wir zusammen. Karriere neu denken, wenn man das denn überhaupt möchte, heißt:

- während des Berufswegs verschiedene professionelle Identitäten anzunehmen,
- mögliche Optionen, Brüche und Unterbrechungen selbst zu managen und
- von der lebenslangen linearen Karriere Abschied zu nehmen.

Was zueinander passt, findet sich heute schneller und unkomplizierter. Im Zweifel ist jedes Unternehmen nur ein kurzfristiges Sprungbrett für seine Mitarbeiter; ein Nährboden für Talente, die aus diesen Erfahrungen heraus Neues erschaffen und wieder anderen ein Sprungbrett bieten.
Damit hatten auch wir anfangs so unsere Schwierigkeiten. Einmal haben wir kurz nacheinander zwei Mitarbeiterinnen bei RichtigRichtig.com verloren. Tanja ging, weil sie so schnell wie möglich »Karriere« machen wollte. Sie wechselte zu einem der großen Beratungskonzerne. Rebekka folgte kurze Zeit später auf dem Fuß – um ihrer Freundin Tanja zu folgen. Wir glauben, dass sich Menschen bei uns hervorragend entwickeln können; die klassische »Karriere« allerdings ist anderswo schneller zu haben. Eine Zeit lang haben uns solche Verluste auch persönlich zweifeln lassen. Dann haben wir verstanden und akzeptiert: Kar-

riere und persönliche Entwicklung sind eben nicht dasselbe, sondern zwei unterschiedliche Relevanzkriterien, die jeder anders gewichtet. Und es steht uns nicht zu, das zu bewerten.
Ein Imperativ des Neuen lässt sich eben auch aus dem stärksten Zukunftstrend nicht ableiten. Die klassische Karriere: Es wird sie weiterhin geben. Vorformulierte Sinnangebote sind bequemer und kein Stück weniger legitim, als mit dem Unvorhersehbaren zu experimentieren. Für die, die es eben nicht auf Abenteuer abgesehen haben. Oder noch nicht.
Fatal wäre nur eines: Sich die Frage nach der Relevanz des eigenen Tuns einfach gar nicht zu stellen.

Beruf und Karriere: Was für uns zählt

Die beste Nachricht: Zu spät ist es für gar niemanden. Nicht nur, weil Karrierewechsel in immer höherem Alter immer selbstverständlicher werden. Sondern vor allem auch, weil Relevanz ein Entwicklungsthema ist. Wie alles Menschliche. Kein statischer, alles entscheidender Moment, so wie früher nach dem Schulabschluss: Zeugnis auswerten, Karriere ankreuzen und Deckel drauf.
Im Vorwort haben wir es bereits erwähnt: Wir beide steuern auf unsere 50. Geburtstage zu, während wir dieses Buch schreiben. Es ist noch gar nicht lange her, da hätten wir damit als »zu alt« gegolten, um unserer Karriere noch einmal eine entscheidende Wendung zu geben. Würde uns das heute jemand entgegnen, womöglich noch unter Zeugen, würde er wohl ziemlich schief angeschaut werden. Nicht weil wir alle immer älter werden – das ist bloße Statistik und für den Einzelnen irrelevant –, sondern weil wir immer bewusster älter werden.

Wir beide denken heute zum Beispiel ganz anders über unsere Karriere, oder vielmehr über das, was wir in unserem Arbeitsleben noch gestalten wollen, nach, als es früher der Fall war. Wie erwähnt und am Tod zahlreicher, teils junger Prominenter drastisch ersichtlich, ist Zeit immer eine spekulative Größe – wir wissen nicht, können nicht einmal ahnen, wie viel wir davon noch haben. Solche Erkenntnismomente verändern die Perspektive – egal, wie viel Energie noch in uns steckt. Sie haben sehr viel damit zu tun, was wir im Leben für relevant halten. Wenn Sie in unserem Alter sind oder älter, werden Sie wahrscheinlich keine Schwierigkeiten haben, uns bei diesem Gedankengang zu folgen. Wenn Sie jünger sind als wir, vielleicht um viele Jahre, werden Sie sich stattdessen möglicherweise fragen, wer eigentlich Roger Willemsen war. Oder David Bowie, oder Lemmy Kilmister.

Karriere ist nicht das, was uns definiert. Unser Beruf ist kein unverrückbares Schicksal, das uns verfolgt wie ein schlechtes Passfoto. Als wir mit RichtigRichtig.com loslegten, wussten wir beide, dass es nicht einfach werden würde, die Schubladen von innen aufzustemmen, in die wir gesteckt worden waren. Gleichzeitig hatten und haben wir großen Respekt vor diesen Schubladen – denn sie sind ein Teil von uns und ein Teil unserer jeweiligen Relevanzexpedition.

Karriere im klassischen Sinne besteht oft in hohem Maße aus Warten. Dieses Warten kann sehr geschäftig sein, aber solange Sie Ihre Relevanz nicht klar erkennen, ist viel davon verlorene Zeit. Möglicherweise ist es besser, in Karrierefragen – und allen anderen – genauso bewusst zu entscheiden wie der alte Mann im Wartezimmer einer Arztpraxis, der nach zwei Stunden Wartezeit plötzlich aufsteht, seine Jacke anzieht und Richtung Ausgang geht. »Wo wollen Sie denn hin?«, fragt ihn die Arzthelferin. Der alte Mann antwortet: »Ich gehe lieber nach Hause und sterbe eines natürlichen Todes.«

Bei vielen Menschen ist die Frage nach der eigenen Relevanz tatsächlich die letzte, die sie sich stellen. In der Retrospektive, wenn es zu spät ist, etwas daran zu ändern. Wir haben beschlossen, sie uns vorher zu stellen, solange wir noch einen Einfluss auf die Antwort haben. Solange wir unsere persönlichen Relevanzideen ausleben können.

Relevanz ist Leben. Und deshalb: stets im Wandel. Die persönliche Relevanz wächst wie die Leber mit ihren Aufgaben. Wir lernen tatsächlich nie aus. Relevanz ist ein Entwicklungsthema. Bis zum Schluss.

Ganz gleich, für wen oder was: *Relevant* sind wir immer nur in der Eigen-, nie in der Fremdbewertung. Und die Eigenbewertung ist eine Kette an Erfahrungen und Gedanken, die Sie an jedem beliebigen Punkt selbst zusammentragen können, bevor Sie den nächsten Schritt gehen. Egal, ob Sie 20 sind oder 70.

Wir haben das für uns getan und sind dabei zu folgendem Ergebnis gekommen:

1. Karriere ist Selbstorganisation.
2. Selbstorganisation schafft Freiheitsgrade.
3. Freiheitsgrade fördern Selbstverwirklichung.
4. Selbstverwirklichung bringt mich näher zu mir selbst.
5. Die Nähe zu mir selbst lässt mich authentischer wirken.
6. Authentizität ist die Bedingung jeder Kreativität.
7. Kreativität lässt mich einfacher Geld verdienen.
8. Geld verdienen ist nicht alles im Leben.
9. Alles im Leben bin nur ich und die Konsequenz dessen.
10. Ich bin relevant.

»Ich bin relevant.« Sie auch. Und eines würde uns interessieren: Welche Kette von Erfahrungen und Gedanken führt bei Ihnen zu diesem Schluss?

Reich leben: Geld und Status

Wie viel ist genug?

Frau Geld und Herr Status

»Bringst du auf dem Rückweg gleich den Riesling mit rein?«, ruft Diane ihrem Mann Philipp hinterher. Der hat sich gerade kurz entschuldigt, um einen Anruf zu machen. »Natürlich, Schatz«, gibt er zurück und verschwindet im Arbeitszimmer, aus dem er erst eine halbe Stunde später zurückkehren wird. Sie zuckt darüber mit keiner Wimper, obwohl Gäste da sind. Status ist anstrengend, zeitraubend und enorm pflegeintensiv. Und für den gemeinsamen Status von Herrn und Frau Professor opfert Philipp sich auf.

Dafür sieht sie ihm nach, wenn er öfter mal verschwunden ist, versunken in seinen Projekten oder auch einfach nur in seinen Gedanken. Auch wenn Gäste da sind. Sie lässt ihm jeden Spielraum für seine Aufgabe, die in der Uni anfängt und sich in der Beziehung fortsetzt, jedenfalls im Sinne der Außenwirkung. Status duldet nämlich keinen Aufschub. Status verpflichtet.

Dianes Zeit ist Geld, denn sie ist Unternehmerin. Eine sehr erfolgreiche dazu. Sie ist selbst oft nicht hier, in der schicken Eigentumswohnung mit ihren Designermöbeln, deren Preise Philipp nicht nachvollziehen kann. Auch ihre Prioritäten sind klar gesetzt, ganz besonders im Kalender. Heute Abend sind die Gäste ihre Priorität, das gemeinsame

Dinner mit Freunden. Diane hat inzwischen gelernt, das Geld auch mal für sich arbeiten zu lassen statt umgekehrt.
Das war mal anders. Als sie sich kennenlernten, waren sie beide über den Punkt hinaus, an dem sie sich existenzielle Sorgen machen mussten – aber noch nicht fertig mit ihrer jeweiligen Ich-Konstruktion. Diane hatte ihr Unternehmen etabliert – ein hoch spezialisiertes Dienstleistungsunternehmen für Technologie-Firmen. In deren Chefetagen hatte man als Frau damals oft noch dämliche Fragen zu beantworten, bevor man überhaupt mal vernünftig verhandeln konnte. Über Geld musste sie sich keine Sorgen mehr machen, doch getrieben fühlte sie sich immer noch. Immer noch war da ein Vakuum, das sich mit wirtschaftlichem Erfolg nicht füllen ließ. Bis sie Philipp traf.
Für Philipp war Geld damals noch eher ein Thema, obwohl klar war, dass auch er den Euro schon bald nicht mehr würde umdrehen müssen. Damals war er noch wissenschaftlicher Mitarbeiter, doch der Lehrstuhl war bereits in greifbarer Nähe. Gutes Geld, aber kein Job, um reich zu werden. Das große Geld war für den Wissenschaftler sowieso eher eine abstrakte Idee. Bis er Diane traf.
Diane hatte den wirtschaftlichen Erfolg, Philipp den hierarchischen. Als sie einander näherkamen, war neben gegenseitiger Zuneigung immer unweigerlich diese Verheißung mit im Raum: Der Erfolg des einen konnte den Erfolg des anderen potenzieren. Gemeinsam wären sie unschlagbar. Und dieses Band würde vielleicht länger halten als jede Verliebtheit.
»Eines Abends«, sagt Diane über den Rand ihres Glases hinweg, »habe ich zu ihm gesagt: ›Lass uns einen Deal machen. In unserer Beziehung bist du für den Status zuständig, und ich für das Geld.‹«
Philipp, berichtet sie weiter, zog darauf erst die Augenbrauen hoch. Dann dachte er nach, während sie ihn genüsslich beim Grübeln beobachtete.

»Ich glaube bis heute, er hat im Kopf die gesammelte deutsche Poesie nach Gegenargumenten abgegrast«, amüsiert sich Diane.
Irgendwann erhellte sich seine Miene, und er stieß mit einem Grinsen und einem tiefen Blick in ihre Augen mit ihr darauf an. Fast verträumt sieht Diane aus, als sie das erzählt. Sie hätten nie wieder über die Prioritäten in ihren beiden Leben diskutieren müssen, lässt sie ihre verblüfften Gäste abschließend wissen.
»Was wäre, wenn die Rollen vertauscht wären – du Status und Philipp Geld?«, fragt einer der Gäste.
»Dann wäre Philipp nicht Philipp und ich nicht ich«, antwortet Diane gelassen. Als hätte ein Geschäftspartner versucht, nicht Verhandelbares mit ihr zu verhandeln. »Aber das Ergebnis wäre wohl das gleiche.«
»Und wenn ihr beides nicht hättet – das Geld und den Status? Noch nicht oder nicht mehr?«, fragt eine andere. Darüber muss Diane länger nachdenken. Offenbar hat sie sich diese Frage schon lange nicht mehr gestellt, vielleicht sogar noch nie.
»Dann würden wir eben beide für beides sorgen«, gibt sie schließlich im Brustton der Überzeugung zurück. Doch sie sieht dabei nicht aus, als ob sie mit ihrer Antwort zufrieden ist.
Dann kommt Philipp endlich zurück an den Tisch. Er macht den Anschein, als ob er gerade den gesammelten Rilke auf einer heißen Theaterbühne zum Besten gegeben hat. Hat er auch, irgendwie, wie sich herausstellt. Mit Erfolg, wieder einmal. »Wir haben den Zuschlag für das Projekt«, verkündet er in die Runde. Der ganze Tisch applaudiert, außer Diane. Die lächelt nur, gibt Philipp einen Kuss auf die Wange und sagt: »Natürlich habt ihr den.«
Sie steht auf, geht in die Küche und kommt mit einer Weinflasche zurück, immer noch lächelnd. Den Riesling hat Philipp vergessen.
Worauf es im Leben ankommt, diese Frage stellt sich in dieser Beziehung nicht mehr. Sie Riesling, er Rilke. Damit ist alles gesagt.

Als Sie die Überschrift dieser Story gelesen haben, mögen Sie erst einmal zusammengezuckt sein: Geld weiblich, Status männlich? Eine neue Rollentheorie, die endlich und universell das Geheimnis einer »glücklichen« Beziehung zu erklären vorgaukelt? Ein Abklatsch von Mr. & Mrs. Smith, nur ohne Sex und Leidenschaft? Vielleicht als verteufelt hintergründiger Marketing-Gag für die Zielgruppe der, ähem, Elitepartner?
Wie gut, mögen Sie gedacht haben, dass die Story sich dann doch als etwas anderes entpuppt hat. Aber hat sie das wirklich?

Geld und Status: Das Traumpaar der Zivilisationsgeschichte

Der Erfinder des Begriffs »geldgeil« lag möglicherweise gar nicht so daneben mit seiner zweisilbigen Gesellschaftsanalyse: Geld auf der einen und Sex auf der anderen Seite – da hat es im Laufe der Zivilisationsgeschichte nicht wenige unentwirrbare Verwicklungen gegeben. Die zwei häufigsten Mordmotive sind mit den beiden Silben jedenfalls unter einen Hut gebracht. Geld und Geilheit haben jedes für sich Biografien und Königreiche zu Glanz und zu Fall gebracht, vom Zusammenwirken beider ganz zu schweigen. Mit der Statusgeilheit ist es ganz ähnlich.
Wir stellen fest, ob nun ernüchtert oder verzückt: Geld und Status sind als Partner, die sich gegenseitig perfekt ergänzen, auch heute noch weitaus überzeugender als manches andere Vorzeigepaar. »Liebe und Leidenschaft«, »gemeinsame Interessen« und sogar »Gleich und Gleich« halten es in der Regel bei Weitem nicht so lange miteinander aus wie Geld und Status.
Irgendetwas machen die beiden richtig. Vielleicht haben sie ja tatsächlich das Geheimnis des Partnerglücks entdeckt und be-

halten es hartnäckig für sich. Vielleicht vereinen diese beiden ja wirklich alle Relevanz in sich, die man heute zu erreichen hoffen darf. Vielleicht sind also auch Diane und Philipp auf der richtigen Spur.

Einiges spricht dafür. Es ist nun einmal eine Tatsache, dass es mehr als eine Online-Partnervermittlung gibt, die sich eben nicht über Liebe und Romantik definiert, sondern ziemlich unverblümt über Geld und Status. Nomen est omen. Und dass diese Plattformen (wirtschaftlich) äußerst erfolgreich sind, lässt sich auch nicht leugnen. Wenn wir darüber nachdenken, mit wem wir unser Leben gestalten wollen, dann ist Romantik ganz offensichtlich nicht die einzige gültige Antwort. Auch heute nicht, wo selbst wilde und gleichgeschlechtliche Ehen nicht einmal mehr die Zenzi aus dem Allgäu schockieren und der »Romantik« eigentlich alle Wege offenstehen.

Selbst Madonna, die Königin des menschlichen Re-Brandings, der man jede Begründung für ihre Anziehungskraft abnehmen würde, hat sich in diesem Punkt festgelegt: »Geld macht schön.«

Frage: Wie konnte das passieren? Dass man jetzt schon Geld und Status vorweisen muss, um sich überhaupt für den Online-Antrag aufs Lebensglück zu qualifizieren, tabellarischer Lebenslauf anbei?

Antwort: Ist es nicht. Gar nichts ist passiert – außer vielleicht, dass Geld und Status heute ohne moralischen Widerhall als persönliche Alleinstellungsmerkmale ausgestellt werden dürfen.

Der Erfinder des Geldes hat sich das übrigens ganz anders vorgestellt. Wenn wir Geld mit schnödem Mammon gleichsetzen, so ein anonymer Autor, verkennen wir seinen Ursprung. Geld wurde erfunden, um die Götter mit einer Kostbarkeit zu ehren, ohne dafür jedes Mal wertvolles Vieh oder gar einen Dorfbewoh-

ner um die Ecke bringen zu müssen. Das Geld machte Schluss mit den blutigen Ritualen der Tier- und Menschenopfer.
So gesehen ist Geld einer in höchstem Maß humanistischen Idee entsprungen. Alles andere haben wir daraus gemacht – wir, die Hochzivilisierten. Und diese Entwicklung steht bis heute nicht still. Und wenn es so weitergeht mit den Zinsen und dem Helikoptergeld, führen wir die Währung Geld, die wir zur Waffe erkoren haben, bald ganz ad absurdum.
Wie so oft beim Thema Geld ist allerdings auch bei den Online-Partnerbörsen nicht alles Gold, was glänzt. Natürlich tummeln sich bei Elitepartner genauso wenig Schöne und Reiche wie bei jeder anderen Dating-Website mit Millionen von Nutzern: ein geringer Anteil. Öfter sucht auch hier Frau Kleingeld Herrn Statistik. Oder umgekehrt, oder zweimal Frau/Mann. Beide sind auf der Suche nach etwas, das sie selbst nicht sind, aber gern wären. Vielleicht finden sie es hier, vielleicht nicht.
Vielleicht wissen sie aber auch einfach nicht, was sie – jeder für sich – eigentlich suchen. Und welche Rolle Geld dabei tatsächlich spielt. Wir finden: Das ist eine spannende Frage.

Geld und Status: Alle Relevanzargumente, die man braucht?

Jedenfalls können wir Frau Kleingeld und Herrn Statistik sehr gut verstehen. Genauso wie Diane und Philipp, Frau Geld und Herrn Status. Nur ob sie auf der richtigen Fährte sind, ist die Frage. Wie bei jedem, der sich irgendwann im Leben – allein oder zu zweit – bei der Überlegung ertappt: Können Geld und Status nicht doch alle Sehnsüchte erfüllen und alle Probleme lösen?

Und dabei erwischen wir uns doch alle. Wir würden lügen, wenn wir sagen würden, wir hätten uns diese Frage noch nie gestellt. Doch erst dieses Buch hat uns eine adäquate Ausrede geliefert, uns ganz offiziell damit zu beschäftigen:

Keine Fragen, auf die es eine einfache Antwort gibt. Außer auf die letzte: So viel Geld gibt es nicht auf der Welt, als dass sich Ihre angeborene Neugier nie wieder melden würde. Fragen zu stellen ist ein evolutionäres Erkennungsmerkmal des Menschen. Relevanzfragen ganz besonders.

Auf die anderen Fragen haben wir beide – jeder für sich – tatsächlich die gleiche Antwort gefunden. Ob das eine Fügung des Schicksals ist oder purer Zufall, das steht auf einem anderen Blatt. Auf dem Weg zu dieser Erkenntnis sind wir natürlich einige Umwege gegangen. Einer führte über die Frage: Was wäre, wenn beides – Geld und Status – so gar kein Thema mehr wäre, weil im Überfluss vorhanden? Wie Sie gleich sehen werden, hatten wir an diesem Punkt erst einmal unterschiedliche Wahrnehmungen.

CKR **Wenn Geld überhaupt keine Rolle mehr spielen würde, würde ich mit dem Arbeiten aufhören, mir einen Golfplatz kaufen, meine liebsten Menschen mitnehmen, und hätte viel Ruhe.** CKR

SH **Wenn Geld kein Thema mehr wäre, hätte ich Häuser an den schönsten Orten der Welt, würde Bücher schreiben, viel Zeit mit Freunden genießen und Bildung für Kinder pushen.** SH

Trotz dieser Uneinigkeit im Detail kamen wir am Ende zur selben Überzeugung, was Geld und Status mit Relevanzdenken zu tun haben. Zuvor haben wir uns intensiv mit anderen Haltungen beschäftigt. Auf diese Reise möchten wir Sie ein Stück mitnehmen. Vielleicht kommen Sie am Ende zum gleichen Schluss wie wir. Vielleicht kommen Sie zu einem ganz anderen.

Relevanzdenken: Eine Frage des Geldes?

Vielen Karriere-Coaches zufolge sollte man sich die Frage, welche Rolle Geld im eigenen Leben spielen soll, unbedingt und so früh wie möglich stellen. Denn die sei eine Voraussetzung für ein erfülltes Leben. Sonst, so die schlüssige Begründung, würde man sich vom Geld treiben lassen und nach immer mehr streben, ohne dass es einen glücklicher machen würde.

Tatsächlich scheinen sich diese Frage unserer Erfahrung nach interessanterweise aber eher Menschen zu stellen, die sich über Geld ohnehin keine großen Sorgen mehr machen müssen. Der Coach Tim Prell beispielsweise wurde im *Hochschulanzeiger* zitiert, dass die meisten seiner Kunden 35 bis 55 Jahre alt seien. »In dieser Phase«, so Prell, »findet eine Umorientierung von außen nach innen statt. Die Menschen interessieren sich nicht mehr so stark für das Bild, das sie nach außen abgeben, sondern vielmehr für das, was sie ganz persönlich wollen.« Um Geld ginge es bei seinen bruchwilligen Klienten nicht, erklärt der Coach weiter.

Diese Menschen stellen also in dem Moment fest, dass Geld kein Relevanzkriterium ist, wenn sie (vorerst) genug davon haben. Erst dann sind sie bereit, sich die Frage nach der eigenen Relevanz neu zu stellen. Erst dann kommt die Sinnkrise, und mit ihr die Bereitschaft zur Umorientierung. Das hat uns nachdenklich gemacht. Anscheinend ist ein gewisser – sicher individuell verschiedener – Kontostand bei vielen ein Relevanzüberlegungsauslöser.

Glück gibt's mit und ohne Abhängigkeiten

Diane und Philipp gehören auch zu dieser Altersgruppe. Sie haben genug Geld und genug Status beisammen, gemeinsam jedenfalls. Sie könnten jetzt umdenken. Diane könnte ihr Unternehmen verkaufen oder aus dem operativen Geschäft zurücktreten und noch einmal etwas ganz anderes machen. Vielleicht mithilfe von Philipps Status. Tut sie aber nicht. Philipp könnte den Professorentitel mitnehmen und sich seinen eigenen Forschungen widmen, anstatt Projektausschreibungen zu folgen und immer in irgendeine wissenschaftliche Schablone passen zu müssen. Vielleicht mithilfe von Dianes Geld. Tut er aber nicht. Die beiden könnten ein gemeinsames Projekt auf die Beine stellen, vielleicht eine Stiftung gründen, tun sie aber nicht.

Die beiden denken gar nicht daran, ihre Haltung zu Geld und Status infrage zu stellen. Oder ihre Aufgabenteilung oder ihre Prioritäten im Leben.

Für die beiden haben Geld und Status ihren eigenen Wert, aber nicht im religiösen Sinne – nicht als moralischer Wert, sondern als Währung. Ihr Geld und ihren Status lösen sie gegen einen Status quo ein, den manche Glück nennen würden, andere Wohlstand und wieder andere Sicherheit. Für die beiden bedeutet es: miteinander erreicht zu haben, was sie sich im Leben vorgenommen hatten, und die Früchte gemeinsam zu ernten. Allerdings nicht frei von Abhängigkeiten – voneinander, vom Geld, vom Status, am Ende von anderen Menschen und deren Wahrnehmung. Da machen sich auch diese beiden nichts vor: Geld und Status erzeugen Abhängigkeit. Umso mehr, wenn diese Abhängigkeiten auch noch Bestandteil des Beziehungsentwurfs sind.

Aber Abhängigkeit ist ein definierendes Merkmal vieler Beziehungen. Sonst würden die genannten Dating-Websites nicht so gut laufen.

Die Minimalisten: Geht es auch ohne?

Natürlich gibt es auch den genauen Gegenentwurf. Die sogenannten Minimalisten sind Menschen, die sich bewusst gegen Besitz und Ansehen entschieden haben. Ihr Lebensentwurf ist explizit dadurch definiert, dass er unabhängig von Geld und Status funktioniert. Auf den ersten Blick jedenfalls.

Seit geraumer Zeit wächst die Bewegung, denn das ist der Minimalismus inzwischen, fortlaufend. »Minimalismus hat Zulauf«, zitierte der *Spiegel* schon vor einigen Jahren den Soziologen Bernd Vonhoff. Der hat auch eine Erklärung für die Abwendung vom »Immer-mehr« hin zum »So-wenig-wie-möglich«: Der Minimalismus setzt einen Kontrapunkt in einer Welt, die immer komplexer wird. Die Komplexität verursacht Stress. Sie auf ein erträgliches Maß zu reduzieren, ist eine tägliche Aufgabe, die Zeit und Nerven frisst. Eine minimalistische Lebensgestaltung reduziert den Druck. Und deshalb seien Minimalisten »anerkannt und werden nicht mehr als Spinner bezeichnet«.

Es gibt verschiedene Intensitätsgrade beim Minimalismus. Die Skala reicht vom »kritischen Konsumbürger« bis zum »materiellen Totalverweigerer«. Die Hardcore-Minimalisten in den USA, wo die Bewegung ihren Ursprung nahm, erkennen jemanden nur als Minimalisten an, wenn er weniger als 100 Dinge besitzt. Da zählt übrigens jede einzelne Socke mit und jeder Teelöffel. Wenn Sie mal Langeweile haben, machen Sie sich den Spaß und überschlagen Sie Ihre Besitztümer im Kopf. Wahrscheinlich knacken Sie die Hunderter-Marke schon, wenn Sie alles durchzählen, was in Ihren Küchenschubladen so rumliegt.

An diesem Punkt erleidet der Minimalismus unserer Meinung nach das gleiche Schicksal wie viele Ideen, sobald sie quantifiziert werden: Er wird von einer Haltung zum zwanghaften Verhalten. Das ist vielen Bewegungen eigen: Ab einer bestimmten kritischen Masse samt öffentlicher Aufmerksamkeit geht es nicht mehr nur um die Idee, sondern in wachsendem Maße auch um das Gefühl der Zugehörigkeit.

Ist jemand, der sich zu Hause die Bude leer räumt, deshalb schon ein Minimalist? Ist er immer noch einer, wenn er zwecks Besitzverweigerung nur noch Wegwerfartikel kauft und damit tonnenweise Müll produziert?

Übrigens, ist Ihnen etwas aufgefallen an der Beschreibung der Minimalisten? Auch sie sind meist Menschen, die sich die Wahlfreiheit zwischen sichtbarem und unsichtbarem Wohlstand leisten können. Auch sie haben ihre Lebensgestaltung erst hinterfragt, nachdem sie sich den Lebensentwurf angstfrei aussuchen konnten.

Bei näherer Betrachtung stellen wir fest: Der Grundgedanke des Minimalismus ist durchaus von Relevanzfragen geleitet. Ein Minimalist, den der *Spiegel* zitiert, begründet seine Entscheidung zum Verzicht mit dem Vorhaben, »sich auf die Dinge, Tätigkeiten und Beziehungen zu konzentrieren, die einem wirklich wichtig sind, und alles andere zu streichen«. Minimalismus, erklärt er weiter, bedeute für ihn Freiheit. »Man gewinnt die Kontrolle über sein Leben zurück, alles wird klarer, übersichtlicher, einfacher.«

Diese Auslegung ist eine Form des Relevanzdenkens, und der Minimalismus in diesem Fall eine Relevanzstrategie.

Der US-amerikanische Minimalismus-Blogger Derek Sivers hat die Hoffnung, die er in den Minimalismus steckt, sehr konkret beschrieben: »Je weniger ich besitze, desto glücklicher bin ich.« Ob es wirklich so einfach ist?

Die wichtigsten Statuswörter: »Ja« und »Nein«

Wir beide haben rückblickend nicht den Eindruck, dass wir weniger glücklich wären, seit wir mehr haben. Das wäre ja der Schluss aus der Maxime jenes Minimalisten. Vielmehr haben wir den Eindruck, dass sich dieses viel zitierte Glück, das mutmaßlich eine Empfindung ist, schlicht gar nicht an Geld festmachen lässt. Weder positiv noch negativ. Da sind andere Mechanismen am Werke.

Nicht leugnen lässt sich allerdings, dass Geld Einfluss auf den gestalterischen Spielraum nimmt. Und auch das ist weder per se positiv noch negativ. Aber die Erfahrung, mit und ohne Geld das Leben zu gestalten, wirkt sich grundlegend und nachhaltig darauf aus, wie wir die immateriellen Werte im Leben schätzen.

CKR **Früher wollte ich mir alles leisten können, was ich mir wünschte, und strebte nach Geld. Je mehr mein Status durch harte Arbeit und Karriere wuchs, desto mehr Qualität konnte ich mir leisten. Nicht nur im materiellen Sinne, sondern auch im Sinne von Ergebnisqualität, indem ich mir immer bessere Mitarbeiter oder Dienstleister leisten konnte. Das hat wiederum zu weiterem Aufstieg, mehr Status und damit einhergehend mehr Geld geführt. Mit der Selbstständigkeit habe ich den hierarchischen Status eines CEO wieder abgeben müssen, kann mir aber jetzt kaufen, was ich will und wozu ich vorher manchmal mein Netzwerk brauchte. Heute empfinde ich Spaß und Freude mit meinem Netzwerk als wichtigste Statusmomente. Mir die Zeit zu nehmen, mit den Jungs einen draufzumachen, zum Beispiel. Das kostet oft**

einfach gar nichts. Das Geld hat mir letztlich als Eintrittskarte in dieses Lebensgefühl gedient, aber nicht als Glücksdroge.[CKR]

Ohne Geld Spaß zu haben und das als größten Luxus zu empfinden, obwohl es am Geld nicht scheitern würde: Ist das schon Minimalismus?

[SH]**Geld und Status geben mir die Möglichkeit, Nein zu sagen zu dem, was ich nicht (mehr) machen möchte. Gleichzeitig geben sie mir die Möglichkeit, Ja zu dem zu sagen, was ich früher wollte, aber nicht umsetzen konnte. Zum Beispiel in meinem eigenen Unternehmen zu arbeiten und meine Kunden selbst mit der Art von Service zu begeistern, zu der ich ihnen ebenfalls rate. Also zu leben und vor allem vorzuleben, wofür ich stehe. Wahrscheinlich verbringe ich dadurch noch mehr Zeit mit Arbeiten als früher. Mein gesamter Freundeskreis betrachtet mich als Workaholic. Für mich selbst fühlt es sich im Gegensatz zu früher aber nicht so an. Geld und Status ermöglichen mir, die Lebensgestaltung wieder zu ändern, wenn ich das will. Nein sagen kann ich heute zu Dingen, die ich nur für Geld tun würde.**[SH]

Nur noch zu den lebensgestaltenden Maßnahmen Ja zu sagen, die den Test der Zeit bestanden haben, und zu allem anderen Nein: Ist das noch Minimalismus?
Weder das noch Work-Life-Balance: Es ist die Quintessenz von Lebenserfahrungen, die eine breite Skala zwischen Minimalismus und Extremerfahrung abdecken. Das gilt nicht nur für die

Themen Geld und Status, sondern für viele Aspekte der Lebensgestaltung.
Weder den Minimalismus noch die Dekadenz verstehen wir als Lebensziele, sondern als Erprobungsszenarien. Sie sind Teil der eigenen Relevanzexpedition, genau wie die Entscheidung zwischen »Karriere« und »etwas erreichen«. Sich auf der Skala der Möglichkeiten einzuordnen, braucht die Zeit und die Geduld, die nötig sind, um beides probiert zu haben. Und die bewusste Entscheidung setzt Entscheidungsfreiheit voraus.
Die Freiheit, in der Lebensgestaltung konsequent selbst zu wählen: Gerade die nehmen sich die meisten Menschen eben erst als Folge von Geld und Status. So gesehen sind »Ja« und »Nein« die wichtigsten Statusworte.
Wir beide betrachten es nach einem guten Vierteljahrhundert in unserem jeweiligen Arbeitsleben zum Beispiel als Privileg, miteinander arbeiten zu können – mit jemandem, der viele Überzeugungen teilt und an dessen Unterschieden wir uns gleichzeitig reiben und entwickeln können. Auch das ist eine Lehre des Strebens nach Geld und Status, die wir unabhängig voneinander genießen: Nur noch mit den Menschen zu arbeiten, mit denen wir arbeiten wollen – das weiß man gar nicht adäquat zu schätzen, wenn man zuvor nicht aus schlechten Erfahrungen gelernt hat, was für ein Luxus das wirklich ist.
Was wir aus der Beschäftigung mit dem Minimalismus gelernt haben: Relevanz geht durchaus auch ohne Geld und Status. Allerdings kann man sich dessen anscheinend nur versichern, wenn man beides selbst ausprobieren konnte und somit beide Optionen zur Verfügung hat. Sonst muss man immer mit den nagenden Zweifeln leben, ob das Gras auf der anderen Seite nicht doch grüner ist – und zwar wohlgemerkt auf beiden Seiten des Zauns.

Ein bekannter deutscher Minimalist weist übrigens darauf hin, dass ein iPhone durchaus zu einem minimalistischen Lebensstil passen kann. Immerhin kann es den Besitz mehrerer anderer Geräte und Datenträger ersetzen. Nicht einmal ein Sportwagen sei zwingend ausgeschlossen, wenn da die Prioritäten liegen würden und man dafür auf anderes verzichte.
Mit »billig« ist der minimalistische Lebensstil also keineswegs gleichzusetzen. Wo genau man beim Entrümpeln des eigenen Besitzes ansetzt, das ist wieder eine Frage der Relevanzkriterien.

Also doch: Ohne Moos nix los?

Wenn selbst der Minimalismus irgendwie eine Frage des Geldes ist – dann haben die immateriellen Werte in der Lebensgestaltung endgültig ihren Wert verloren, oder?
Klar, so kann man das sehen, und sehr viele hängen dieser Meinung an. Die Fixierung auf die Defizite erwächst immer aus dem Mangel, zumindest solange man sich bei allen Beobachtungen in freier Wildbahn – sei es in der Arbeitswelt, bei der Freizeitgestaltung oder beim Konsum – immer auf die materiellen Aspekte einschießt und den Rest ausblendet. Dann bekommt man leicht den Eindruck, dass im Leben letztlich alles am Geld hängt und bei der Karriereplanung alles am Status, und natürlich geht das eine nicht ohne das andere … Wenn man aus diesem Blickwinkel auf Geld und Status schaut, kommt man beinahe zwingend zu dem Schluss: Wer davon nicht ausreichend hat, ist auch in seinen Freiheitsgraden beschränkt.
Auf den ersten Blick stimmt das vielleicht auch, und für viele Menschen regiert Geld die Welt. Es bedeutet Macht, Reichtum,

Wohlstand, Erfolg, Unabhängigkeit, Freiheit und Glück. Wer Status und Geld zur Verfügung hat, kann tun, was er will.
Aber es ist keineswegs so, dass Geld und Status den Freiheitsgrad automatisch heben würden. Entscheidungsfreiheit und Handlungsfreiheit nützen nämlich gar nichts, solange sie graue Theorie bleiben. Geld und Status helfen niemandem, der sich selbst die Frage nach dem »Wozu« nicht beantwortet hat. Der Top-Manager, der 80 Stunden die Woche arbeitet, der eigentlich schon mit 50 ausgesorgt gehabt hätte, aber bis 70 so weitermacht und am Tag vor dem Ruhestand im Büro tot umfällt, der hat seine Freiheit aus Sicht eines weniger arbeitsverliebten Menschen nicht genutzt. Es sei denn, er *wollte* genau so leben und sterben.
Die Frage nach dem Geld ist keine Frage von viel oder wenig. Die Frage ist, welche Relevanz das Geld für den eigenen Lebensentwurf hat. So gesehen haben die Karriere-Coaches durchaus recht, wenn sie fragen, ob Geld eine wichtige Rolle im Leben spielt – nur ist diese Frage eben nicht immer mit Ja oder Nein ausreichend beantwortet.
Der Stolperstein ist nämlich: Immer dann, wenn man die Geldmenge zur Verfügung hat, um sich ein Glücksversprechen einzulösen, braucht man noch mehr Geld, um dem nächsten Glücksversprechen nahe zu kommen. Psychologen nennen das »Barrs Gesetz«. »Ein bestimmter Geldbetrag, den man für die Verwirklichung eines Ziels wie Glück oder Sorgenfreiheit für nötig hält, verdoppelt sich in dem Moment, wo man diesen Betrag endlich besitzt!« (Peter König).
Dafür gibt es Gründe. Ein internationaler Banker hat das vortrefflich beschrieben: »Der Mindestbetrag leitet sich ab aus der Furcht vor künftigem Mangel. Diese Furcht wird durch Erreichen

des Ziels (also des entsprechenden Geldbetrags) jedoch nicht gelindert – sodass man das Ziel heraufsetzt, in der Hoffnung, irgendwann schließlich frei zu sein von dieser Furcht.«

Und da ist sie wieder, die Angst. Wir glauben: Diese Angst entsteht aus mangelnder Klarheit über die eigenen Relevanzkriterien.

Wo Angst ist, sind Vergleiche nicht weit. Und tatsächlich: Laut einer britischen Studie müssen wir nur mehr verdienen als der Nachbar, schon sind wir glücklich. Der Forscher Christopher Boyce befragte dafür 12 000 Menschen, ob es einen Zusammenhang zwischen Gehalt und Lebenszufriedenheit gebe. Heraus kam: Nicht die Höhe des Gehalts ist entscheidend, sondern der Rang im Vergleich mit anderen Gehältern. »Wir sind glücklich, wenn wir mehr verdienen als unsere Kollegen, Nachbarn und Freunde.«

Sie merken schon: Nach einfachen Antworten muss man im Zusammenhang mit Geld und Status nie lange suchen.

Die jungen Pragmatiker: Auf zur mentalen Währungsreform

Die Illusion, dass mehr Geld mehr Glück bedeutet, haben viele Menschen längst als solche durchschaut. Geld per se macht noch nicht glücklich, sondern nur reich. Vor allem für junge Menschen gilt deshalb: Glück schlägt Geld. Sie wollen einen krisenfesten Arbeitsplatz, aber möglichst viel Zeit für die Familie. Sie erkennen den Sinn für private Altersvorsorge, interessieren sich aber eigentlich gar nicht dafür. Was die jungen Menschen antreibt, jene reflektierten Hinterfrager der Generationen Y und Z, ist die Sehnsucht nach möglichst viel Sicherheit. Das ist das Ergebnis einer Umfrage der Allianz und der Gesellschaft für Konsumforschung. Reichtum scheint nur für knapp ein Prozent der Befragten wichtig im Leben zu sein.

Geld als Mittel zum Zweck der Sicherheit: Das ist eine ziemlich solide Relevanzüberlegung – wenn auch keine sonderlich progressive. So viel zum Vorurteil, die jungen Hinterfrager seien Idealisten, die mit dem Kopf in den Wolken stecken würden und denen es am Pragmatismus ihrer Eltern und Großeltern mangele. Es mangelt ihnen einfach nur an der Bereitschaft, Geld und Status ihre Lebensplanung zu opfern. Kein Wunder, dass junge Leute heute nicht mehr im selben Maße wie frühere Generationen bereit sind, ihre Lebensplanung an Existenzängsten, also materiellen Abhängigkeiten auszurichten. Freiheit ist ein Zustand der gegenwärtigen, nicht der zukünftigen Existenz. Lebe jetzt, Vorsorge ist Illusion.

Die jungen Generationen haben erkannt: Der Knackpunkt an der unreflektierten Jagd nach Geld ist die Unerfüllbarkeit. Jeder erfüllte Wunsch zieht tausend neue Wünsche nach sich. Jede zur Realität gewordene einstige Illusion zieht neue Illusionen nach sich. Die damit einhergehende Jagd nach Geld versperrt den Blick auf die eigentlichen Wünsche und Bedürfnisse.

Wer sich von der Gier nach Geld und Status hetzen lässt, gerät leicht in einen Wahrnehmungstunnel. Der Mensch jammert über seine aktive Teilnahme am Rattenrennen, will aber gleichzeitig als Erster durchs Ziel gehen. Hat er es geschafft, stellt er sich sofort zum nächsten Rattenrennen auf. Am Ende verliert er sich, verliert den Kontakt zur eigenen Selbstverwirklichungslinie. Ist saft- und kraftlos. Ausgepowert.

Genau das haben die Jungen bei ihren Eltern millionenfach mit ansehen müssen. Und sie haben sich ihre Gedanken darüber ge-

macht. Wir sind optimistisch, dass sie denselben Schluss daraus ziehen wie wir: Indem sie zu Geld und Status eine pragmatische Haltung entwickeln, anstatt die Währung des gesellschaftlichen Fortschritts zu verteufeln.
Denn nichts anderes bewirkt Geld seit seiner Erfindung, und Status ebenso: Beide sind Grundlagen gesellschaftlicher Dynamik, zum Guten wie zum Schlechten.
Vielleicht ist den Generationen der pragmatischen Idealisten ja wirklich zuzutrauen, dass sie das bedingungslose Grundeinkommen auf den Weg bringen - und tatsächlich damit umgehen können. Sie wären die erste Generation, die ohne Mord und Totschlag teilt und sich ohne materiellen Bereicherungsdrang für Relevanzideen engagiert, die der Gemeinschaft mehr nützen als dem Einzelnen.
Es wäre eine Revolution. Aber wäre es auch von Dauer?

Was Geld und Status uns persönlich bedeuten

Wir beide befinden uns wie Diane und Philipp in jener Lebensphase, die die Coaches als Hinterfragungsphase einstufen und in der bei vielen von uns das Geld in den Hintergrund rückt und anderes in den Vordergrund. Genau genommen haben wir uns ziemlich genau auf der Mitte dieses Spektrums kennengelernt, mit Mitte 40. Auf dem Papier haben wir mit den Coaching-Kandidaten sicher einiges gemeinsam: Beruflich etabliert und gleichzeitig mitten in einer schwungvollen Vorwärtsbewegung.
Als wir uns begegneten, waren wir beide unabhängig voneinander schon zu dem Schluss gekommen, dass wir bereit waren für neue Projekte. Das war und ist eine von vielen Gemeinsamkeiten, die dazu geführt haben, dass wir die nächsten Schritte ge-

meinsam gegangen sind. Innerhalb kürzester Zeit haben wir eine 50-50-Gesellschaft gegründet. Beim Thema Geld und Status jedoch haben wir eine andere Haltung als die Coachees, denen beides nicht mehr so wichtig ist. Auch eine andere Haltung als Diane und Philipp.

Auch wir glauben, dass uns Geld und Status keine Relevanz verleihen können. Wir glauben aber sehr wohl, dass Geld ein Ermöglicher für vieles ist, das direkt mit der eigenen Relevanz zu tun hat.

Nehmen wir nur das Zitat weiter oben: einen Golfplatz kaufen und die liebsten Menschen mitnehmen. Das lässt auf persönliche Relevanzkriterien schließen, die so gar nichts mit Geld zu tun haben. Die konkrete Vision davon, wie diese Kriterien ausgelebt werden können – also in Golfhosen und ohne Daily Business –, hat aber durchaus eine monetäre Ebene. Das Geld ist hier das Mittel zum Zweck, das Werkzeug, um die eigenen Relevanzkriterien nach individuellen Vorstellungen zu verwirklichen.

> CKR **Im Laufe der Jahre habe ich viel verdient und viel verloren. Reich bin ich dabei nicht geworden, aber eins habe ich gelernt: Erst den Pfad des Geldes zu gehen, führt zur Gewissheit, dass Geld nicht alles ist.** CKR

Das glaubte auch der unvorstellbar reiche Aristoteles Onassis: »Wenn ein Mensch behauptet, mit Geld lasse sich alles erreichen, darf man sicher sein, dass er nie welches gehabt hat.«

Und das ist gewiss kein isoliertes Beispiel. Hier, glauben wir, liegt der Grund, warum die relevanzhungrigen Menschen zwischen 35 und 55 ihre Bedürfnisse oft erst dann entdecken, wenn sie es schon »zu etwas gebracht« haben: Sie haben die Phase der

schieren Existenzangst hinter sich. Sie haben sich auch im Sinne einer Karriere bewiesen und einen gewissen Platz in irgendeiner Hierarchie erreicht. Geld und Status mögen bei ihnen in den Hintergrund treten - aber doch nur, weil beides verfügbar ist. Zumindest insoweit, dass es keinen Grund mehr gibt, zu befürchten, eins von beidem könnte schlagartig abhandenkommen.
Jetzt sind die tieferen Sehnsüchte dran - und dieser unbestimmte Wunsch, etwas hinterlassen zu wollen, das man nicht kaufen kann. Etwas bewirkt zu haben. Neben dem ökologischen Fußabdruck noch einen anderen zu hinterlassen.
Zum Beispiel ein Unternehmen zu gründen und die eigenen Erkenntnisse und Methoden auf einen größeren Kontext zu übertragen. In Geschäftsideen zu investieren, die man für zukunftsweisend hält, und dem Nachwuchs beim Wachsen unter die Arme zu greifen. Weiter Teil einer Entwicklung zu sein, obwohl man dem eigenen Ego nicht mehr ständig etwas beweisen muss. Die Kinder beim Einstieg in ihre eigene Relevanzentwicklung zu begleiten. Ihnen Erfahrungen zu schenken und selbst noch einmal ganz andere zu machen, vielleicht mit ihnen gemeinsam.

> CKR **Mein Sohn David träumt davon, dass wir beide einmal gemeinsam ein Unternehmen gründen. »Deine Erfahrung und deine Mittel und meine Insider-Kenntnis der jungen Märkte — mit der Kombination können wir was reißen.«** CKR

All das ist mindestens um vieles leichter mit Geld und Status zu erreichen. Das kann man bedauerlich finden oder schlicht falsch - wir beschreiben nur, was wir sehen und erleben, und stellen fest, was die eigene Erfahrung uns lehrt.

Geld und Status: Wie viel ist denn nun genug?

Und das ist es, was die Erfahrung uns bis hierhin gelehrt hat: Geld ist kein rein materielles Thema, und Status kein rein soziales. Beide wirken direkt auf Ihre individuellen Relevanzüberlegungen ein. Beide wirken als Leitplanken, ja sogar limitierend, wenn Sie nicht darüber verfügen, und auch, wenn Sie darüber verfügen. In beiden Fällen stoßen Sie an gewisse externe Grenzen, und andere setzen Sie selbst. Es sind nur nicht in beiden Fällen dieselben.

Die wichtigsten Dinge im Leben kann man mit Geld nicht kaufen. Status ist nicht die Grundlage der Beziehungen, die wirklich zählen. Doch Geld und Status ermöglichen uns, den eigenen Relevanzkriterien den Raum und die Form zu geben, die wir ihnen geben möchten.

[SH]**Geld und Status machen uns nicht relevant. Mehr Geld und mehr Status machen uns nicht relevanter.**[SH]

[CKR]**Mit Relevanz hat beides erst zu tun, wenn man die immateriellen Aspekte mit in Betracht zieht.**[CKR]

Bei uns hat das zu der Feststellung geführt: Geld und Status sind Relevanzerfüllungsermöglicher.

Und wie viel ist genug? Das werden Sie möglicherweise erst in dem Moment wissen, wo Sie aufhören (können), über Geld und Status nachzudenken. Oder, was wir nicht hoffen wollen, einmal wieder ganz von vorn anfangen müssen, weil Sie zu spät feststellen, dass es nicht genug war. Schöner wäre es, sich stattdessen dem zu widmen, was Sie wirklich relevant finden.

Bei uns ist es so. Aber das mag sich auch noch einmal ändern. Mit 50 ist man alt genug, um qualifiziert Nein zu sagen. Aber noch nicht zu alt, um sich weiter kritisch zu hinterfragen und sich neu zu verorten. Noch bleiben uns ja ein paar Jahre in der Hinterfragungsspanne.
Wenn wir so viele davon übrig haben wie einst Pablo Picasso, haben wir noch einige Überlegungen vor uns. Der starb mit 91 steinreich und weltberühmt. Am Ende hatte er einen glasklaren Blick auf den Wert von Geld und Status im Leben. Anscheinend hat er ihn nur zu spät gewonnen:

»Ich würde gern leben wie ein armer Mann mit einem Haufen Geld.«

Gefühlvoll leben: Liebe und Partnerschaft

Wer macht mich glücklich?

Eine arrangierte Ehe

»Ihr beiden seht aus, als ob ihr schon lange verheiratet seid!« Torben, von dem diese Feststellung stammt, hatte scheinbar schon einen Crémant zu viel. Als er auf die Eheringe der beiden zeigt, hat er Schwierigkeiten beim Zielen. Julia, auch nicht viel nüchterner, bemüht sich um Schadensbegrenzung. Leicht errötend verrät sie den Adressaten, was es mit dem unwirschen Annäherungsversuch auf sich hat: »Wir fragen uns gerade, was das Geheimnis ewiger Liebe ist. Wie kriegt man das hin, dass man sich nach zehn oder 20 Jahren immer noch will?« Julia und Torben, beide Single, schauen das etwas ältere Paar, das ihnen gegenübersteht, erwartungsvoll an. Die Party schleppt sich dahin; da checkt man auch mal das Klatschpotenzial von Gästen ab, die auf den ersten Blick weniger spannend wirken.

Wir beobachten das ungleiche Vierergrüppchen aus ein paar Metern Entfernung und sind schon jetzt amüsiert. Denn wir kennen die Eheleute Martina und Steffen schon länger – und wir ahnen deshalb, was gleich kommt.

»Da fragt ihr die Falschen«, gibt Martina mit einem charmanten Lächeln zurück und lässt sich nicht anmerken, dass sie dieses Gespräch schon mehr als einmal geführt hat.

Wir können verstehen, warum Julia und Torben sich ausgerechnet die beiden für ihre Spontanrecherche ausgesucht haben. Martina und Steffen sind eins von diesen Paaren, die selbst von überzeugten Singles heimlich bewundert werden. Sie beenden die Sätze des anderen. Wenn sie etwas miteinander tun, ergänzen sie sich perfekt. Und wenn sie sich streiten, steigt dabei nicht gleich die Raumtemperatur. Sie diskutieren sachlich, finden einen Kompromiss und legen die Sache bei – und dann ist es auch tatsächlich wieder gut. Auf einer Party wie dieser wird man sie nie streiten sehen.

Wenn man die beiden miteinander erlebt, ist da nichts zu spüren von der aufgestauten Wut, die sich bei vielen Paaren nach langen gemeinsamen Jahren mit der Liebe vermengt – etwa so, wie ein Tropfen schwarze Tinte ausreicht, um ein ganzes Glas Wasser zu färben. Da ist auch keine Frustration, denn es gibt keine enttäuschte Erwartungshaltung, die so oft aus der Euphorie junger Liebe geboren wird und viele Beziehungen noch nach Jahrzehnten zum Platzen bringen kann wie eine Nadel einen Luftballon.

Nur wer die beiden lange beobachtet, kann feststellen: Da ist auch keine glühende Leidenschaft. Doch das fällt kaum jemandem auf. Denn das gilt für viele Paare in Martinas und Steffens Alter. Mitte 40 sind sie. In diesem Alter erinnern die wenigsten Eheleute an frisch verliebte Teenager. Vielmehr sind sie in der Regel schon ein, manchmal sogar zwei Jahrzehnte verheiratet, haben gemeinsame Kinder und vieles miteinander erlebt, oder auch: ausgehalten. Je nach Sichtweise.

Doch die beiden sind keineswegs seit Jahrzehnten verheiratet. Sie sind die Ehe gerade erst eingegangen. Eigentlich müssten sie noch frisch verliebt aussehen – nicht routiniert, so als stünden sie kurz vor der Silberhochzeit. Wie kommt es bloß, dass sie wirken wie beste Freunde?

Weil sie das sind, irgendwie. Martina und Steffen leben in einer arrangierten Ehe. So etwas gibt es auch in unserem Kulturkreis! Nur wurde die Ehe nicht von den Eltern der beiden arrangiert, so wie das in manchen Kulturen bis heute üblich ist, sondern von Martina und Steffen selbst.

Die beiden kennen sich schon länger als die meisten Paare, die tatsächlich kurz vor der Silberhochzeit stehen. Aus der Schule. Sie haben quasi gemeinsam lesen und schreiben gelernt. Nach dem Abi haben sie getrennt voneinander ihre eigenen Lesarten des Lebens entwickelt und ihre eigenen Geschichten geschrieben.

Jeder führte sein eigenes Leben, doch die gemeinsame Freundschaft blieb. Immer wieder trafen sie sich. Sorgten dafür, dass der Kontakt nicht abriss. Erzählten einander, wenn sie jemanden kennengelernt hatten. Trösteten einander, wenn es mal wieder mit jemandem vorbei war. Fragten sich gemeinsam, warum sie beide nicht die oder den Richtigen zu finden schienen. Nur Sex haben sie nie miteinander gehabt.

So ging das 15 Jahre lang. Bis eines dieser Treffen eine neue Wendung nahm: Bis dahin war alles gelaufen wie immer. Einmal mehr hatten sie sich gegenseitig gefragt, was sie wohl falsch machten, bis Steffen – zu seiner eigenen Überraschung – diesen Satz sagte: »Wer sagt eigentlich, dass wir beide nicht das perfekte Paar sind?«

Die Antwort auf diese Frage fiel Martina – zu ihrer eigenen Überraschung – leicht. Und sie taten das, was ihnen mit anderen Partnern nie gelungen war: Sie machten einen Plan, der sich von Anfang an gut und richtig und verlässlich anfühlte, auch wenn der Rest der Welt sie für bescheuert halten würde. Der sah vor:

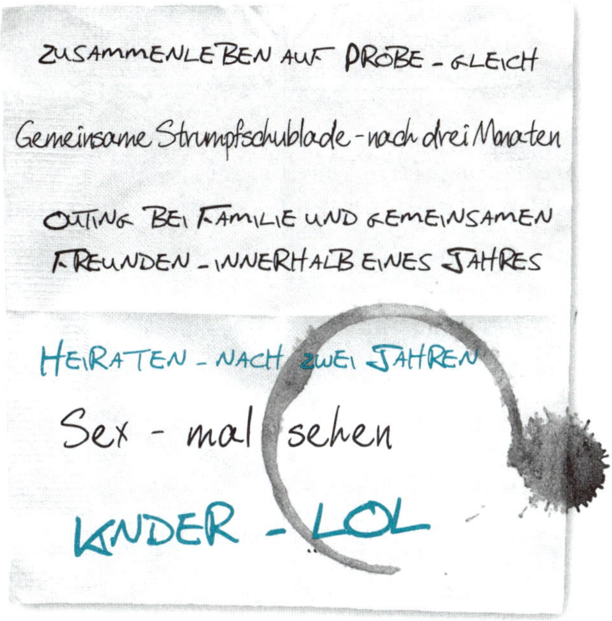

Am nächsten Tag packte Martina ein paar Sachen ein und machte es sich bei Steffen gemütlich. Zunächst behielt sie ihre eigene Wohnung pro forma, doch nach exakt drei Monaten erklarten die beiden das Projekt »arrangierte Beziehung« für geglückt. In den drei Monaten hatten beide mehr Spaß gehabt, mehr Sport gemacht, mehr Filme gesehen und mehr Gemeinsamkeiten entdeckt als bei allen Dates der letzten 25 Jahre zusammengenommen. Martina zog endgültig mit in Steffens Eigentumswohnung.

Und seitdem haben die beiden kein einziges Mal an ihrer Entscheidung gezweifelt. Sie führen die ideale Beziehung – finden sie. Für die meisten Fremden, die ihre Geschichte nicht kennen, sieht es genau so aus. Selbst ihre Eltern haben die anfängliche Skepsis schnell abgelegt.

Nur die notorischen Singles in ihrem Bekanntenkreis kommen mit dem arrangierten Beziehungsglück nicht so recht klar. Mehr oder weniger offen zweifeln sie daran, dass die Beziehung halten wird, und sprechen von Romantik und großen Gefühlen, und dass die Leidenschaft dem Leben doch erst die richtige Würze gebe. In diesen Momenten sehen Martina und Steffen sich in die Augen und nicken einander zu, fast unmerklich, nur mit dem Anflug eines Lächelns.

So wie jetzt gerade. »Partnerschaft«, hören wir Martina zu Julia sagen, »ist etwas für Pragmatiker. Und Liebe« – wieder ein verschwörerischer Blick zu Steffen – »Liebe ist gar nichts, wenn sie nicht alltagstauglich ist. Was nützt mir ein Ferrari, wenn meine Straße mit Schlaglöchern übersät ist? Ich bin glücklicher ohne.« Worauf Steffen nickt und lächelt. Wie er das eigentlich fast immer tut, wenn Martina spricht.

Die beiden bleiben nie lange auf Partys, auf denen Singles wahlweise einander ihr Elend klagen, ihre neuesten Eroberungen in Konkurrenz zueinander vermessen oder sich verzweifelt aufeinander stürzen. Auch heute nicht. Wenig später gehen sie Arm in Arm nach Hause, und Julia und Torben schauen ihnen vom Balkon aus hinterher.

Über ihren Köpfen schwebt deutlich sichtbar das gleiche Fragezeichen: Wer sagt denn, dass das nicht die große Liebe ist?

Nun könnten Sie einwenden: Ich bin 25 Jahre alt und meine Straße ist bereits jetzt mit Schlaglöchern übersät – muss ich jetzt schon meine Facebook-Kontakte nach einem passenden Arrangement-Partner durchsuchen? Oder: Ich bin 60 und ohne wilden Sex fünfmal die Woche geht bei mir gar nichts – muss ich etwa auf meine alten Tage noch vernünftig werden?

Weder noch. In der Liebe, so heißt es, gibt es keine Regeln. Und wenn es keine Regeln gibt, dann heißt das auch: Niemand kann Ihnen verbieten, dass Sie sich Ihre Regeln selbst machen.

Martina und Steffen haben das getan. Sie haben die Art von Beziehung gefunden, die ihre einzelnen Leben bereichert. Wir kennen die beiden gut und können Ihnen sagen: Sie leben gemeinsam intensiver und, um das Wort zu bemühen, »glücklicher«, als bevor sie sich auf eine Partnerschaft vor dem Gesetz und den guten Sitten eingelassen haben. Weil sie beide es so wollten. Weil ihre Form von Partnerschaft genau dem Rollenverständnis im Leben entspricht, das die beiden unabhängig voneinander entwickelt haben.

Sie haben sich die Welt angesehen, so, wie sie ist, haben ihre Schlüsse daraus gezogen und ein Bündnis geschlossen, das stark ist. In ihren Augen: stärker als wilder Sex und Leidenschaft. Wobei das eine das andere natürlich nicht ausschließen muss.

Darüber kann man geteilter Meinung sein. Qualifiziert widersprechen oder zustimmen kann man allerdings erst, wenn man sich seine eigenen Gedanken über Liebe und Partnerschaft gemacht hat. Indem man sich angeschaut hat, wo die Liebe heute wächst, wie Partnerschaften heute entstehen und was sich verändert hat. Dann kann man eigene Schlüsse daraus ziehen, was an der Liebe und der Partnerschaft so relevant ist, dass wir Unmengen von Zeit und manchmal auch Unmengen von Geld dafür hergeben, um es mal betriebswirtschaftlich zu betrachten. Denn auch das ist Liebe: ein Markt mit vielen Anbietern, vielen Profiteuren und vielen Ausgebeuteten. Und vor allem: mit einer ungeheuren Nachfrage.

Wenn Sie 25 sind: Lassen Sie Ihre Facebook-Kontaktliste erst einmal in Ruhe, wenigstens bis zum Ende dieses Kapitels. Und

fühlen Sie sich nicht dazu genötigt, vernünftig zu werden, selbst wenn Sie 60 sind. Aber lassen Sie sich von uns einladen, einmal neu darüber nachzudenken, wer Sie glücklich machen könnte. Stürzen Sie sich einfach mit uns ins Ungewisse.
So wie Joe, der mit 89 ein Tinder-Profil erstellte und sich von seinem Enkel die Untiefen des Marktes zeigen ließ, der Liebe heute ist.

Tinder-Dating mit Joe, 89

Opa Joe ist 89 und seit mehr als einem halben Jahrhundert verheiratet. Warum sein Enkel Ethan, ein amerikanischer Filmemacher, immer noch Single ist, versteht er nicht so recht. Also startet Ethan ein Experiment und macht ein Filmprojekt für seinen YouTube-Kanal daraus: Er meldet seinen Opa beim Online-Dating an. Um ihm zu demonstrieren, wie schwierig und anstrengend die Partnersuche heute ist.
»Weißt du, was Tinder ist?«, fragt er Joe.
»Ja, Feuerholz«, antwortet der.
Ethan klärt ihn darüber auf, was junge Leute viel eher mit diesem Wort assoziieren als mit seiner ursprünglichen Bedeutung im Amerikanischen. Eine Dating-App nämlich, mit der Partnersuchende sich finden können. Und zwar besonders unkompliziert und »angstfrei«, so das Nutzenversprechen – nämlich ohne die Angst vor der Zurückweisung. Die Vorgehensweise: Jeder Nutzer bekommt Bilder von anderen Nutzern angezeigt, die kompatibel sein könnten. Und dann wird gewischt. Nach rechts für ein Ja, nach links für ein Nein. Die Guten ins Töpfchen, die Schlechten ins Kröpfchen. Einfach so, im Bruchteil von Sekunden. Beruht das Interesse auf Gegenseitigkeit, kann erst einmal gechattet und

dann eventuell ein Treffen in der »echten« Welt vereinbart werden.
Und von diesem Moment an ist eigentlich alles wie früher: Die Suchenden sitzen sich gegenüber und finden sich. Oder eben nicht.
Joes Profil weist ihn natürlich nicht als verheirateten 89-Jährigen aus, sondern als 21-jährigen Filmemacher. 37 Frauen wollen ihn kennenlernen. Fünf stimmen noch einem Treffen zu, nachdem sie erfahren haben, dass das Date gefilmt werden soll.
Plötzlich muss Joe wieder daten. Mit Frauen, die etwa ein Viertel der Jahre gelebt haben, die er gesehen hat. Und Joe macht das gut. Witzig und charmant unterhält er die Damen. Wäre er tatsächlich noch 21 wie auf seinem Profilbild, er hätte womöglich Erfolg haben können an diesem Tag.
Die wichtigere Erkenntnis des Dating-Marathons aber ist die: Die fünf völlig unterschiedlichen jungen Frauen bringen fünf völlig unterschiedliche Erwartungshaltungen mit. Eine ist mit seinem Humor ganz und gar zufrieden und genießt die ungewöhnliche Begegnung frei von jeder Nutzenerwägung. Eine andere fragt schnell nach harten Fakten. Eine weitere spricht über Dildos und was sie damit gern anstellt.
Joe hat gemerkt: Die alten Regeln gelten nicht mehr. Dating ist nicht mehr der Startschuss eines vorgezeichneten Weges: kennenlernen, verlieben, heiraten, Kinder bekommen, 50 Jahre später immer noch verheiratet sein und Enkel haben. Liebe und Partnerschaft, das ist kein klar gezeichneter Prozess mehr. Kein Ja oder Nein, auch wenn die App es danach aussehen lässt. Sondern vielmehr ein Sowohl-als-auch. Ein Rollenspiel, dessen Handlung fortlaufend improvisiert wird. Keine Entscheidung, an der nicht mehr gerüttelt wird, sondern ein fortlaufender Entwicklungsprozess. Partnerschaft ist Verhandlungssache.

»Lass uns nach Hause gehen«, sagt Joe zu Ethan, nachdem das letzte Date sich verabschiedet hat. »Ich bin verdammt müde.«

Gelegenheit macht — Liebe?

Das mobile Dating ist angetreten, das alte Bedürfnis nach Liebe und Partnerschaft auf neue Weise zu bedienen. Komfortabel und schnell natürlich, wie alle modernen Service-Ideen. Wir haben ja keine Zeit, schon gar nicht für Dates, die sich später als Zeitverschwendung entpuppen.

Mit seiner Effizienz wirbt auch Grindr - eine Dating-App für homo- und bisexuelle Männer, über die Nutzer sich ebenfalls via Foto und knappem Profil finden können. Für Sex oder mehr. Doch spart die App ihren Nutzern wirklich Zeit? Ständig schlägt sie neue potenzielle - und mehr oder weniger potente - Dates vor. Wenn's heute nicht klappt, klappt's morgen.

Findet sich hier, was zusammengehört? Viele Nutzer erkennen ganz andere Folgen: »Dating dieser Art vermittelt auch eine Illusion. Man glaubt immer, noch jemand Besseres kennenlernen zu können. Auf die Dauer entsteht eine Sammelwut, man wird faul und zu anspruchsvoll« *(Hamburger Abendblatt).*

Und plötzlich steht das mobile Dating in einem ganz anderen Licht da: Tinder und Co. bieten keine Partner an, sondern Gelegenheiten. Die gibt es online in Hülle und Fülle. Doch ist die Partnersuche dadurch leichter geworden, oder in Wahrheit eher aufwendiger?

CKR **Mit der Quantität endloser Gelegenheiten muss man umzugehen wissen.** CKR

Opa Joe hat zu spüren bekommen, wie anstrengend das sein kann. Und sobald die Aspiranten sich tatsächlich gegenübersitzen, ist eigentlich alles wie früher. Dann gilt es, sich aufeinander einzulassen.
Erst dann ist der Suchende an dem Punkt, wo heute wirklich alles anders ist: Wenn es darangeht, zu entscheiden, wohin der gemeinsame Weg führen soll. Wenn überhaupt irgendwohin. Erst hier entfaltet sich das ganze Spektrum der Beziehungsformen, die Liebe und Partnerschaft heute annehmen können. Bis dahin sind nur Eitelkeiten bedient oder auch enttäuscht worden. Wenn zwei Menschen sich aufeinander zu und miteinander vorwärts bewegen, geht es dagegen um Relevanz. Darum, was mit wem möglich ist, und wie und zu welchem Zweck. Was geht miteinander, und zwar mit Leichtigkeit und ohne Stress?
Erst ab hier wird darüber entschieden, ob man tatsächlich miteinander, füreinander oder übereinander wird glücklich sein können.

Was von der Ehe übrig blieb

Ihren Zweck als Anbahnungsmaschine erfüllen die Dating-Portale und mobilen Apps sehr effizient. Die frühen Behauptungen der Skeptiker, Online-Dating habe keine Erfolgsaussichten, haben sich genauso als unwahr erwiesen wie in vielen anderen Digitalisierungsfeldern: Bereits ein Drittel aller Paare lernt sich heute online kennen. Doch die Paare, die aus diesem Sortierungsprozess hervorgehen, unterscheiden sich letztlich kaum von denen, die sich im Klub, im Urlaub oder bei der Arbeit kennenlernen.

Aber wie geht es nach dem ersten Live-Date, dem durchtanzten Abend, dem Urlaub oder nach Dienstschluss weiter? Was heißt Partnerschaft heute? Und wie geht das: gemeinsam glücklich sein?

Früher war die Antwort darauf bürokratisch: Als »unter die Haube gebracht« galt, wer verheiratet war. Alle anderen Beziehungsentwürfe gingen höchstens als Experimentierphase durch – quasi als Warmlaufen für den gesellschaftlich akzeptablen Lebensentwurf. Dass eigentlich jeder die Ehe anstrebte, galt als gesetzt. Sie fungierte als gesellschaftliches Relevanzkriterium: Es war sogar so, dass Führungspositionen ab einem bestimmten Level kaum an Unverheiratete vergeben wurden. Vollzogen wurde die Ehe selbstverständlich am gemeinsamen Wohnsitz, wo man sich täglich nach 17 Uhr einzufinden hatte, geregeltes Eheleben: So war das vorgegeben. Jahrzehntelang schlich man als Single ab einem gewissen Alter durch die Ü-30-Klubs wie der Turnbeutel-Vergesser, der beim Mannschaftssport in der Schule immer als Letzter ins Team gewählt wurde. Und wer zusammenlebte, ohne zu heiraten, der verriet das gesellschaftliche Ideal von der heilen Familie. Wie kann man nur leben mit dieser Unsicherheit?

Zwischen 1985 und 2005 dann hat sich die Zahl der Paare, die unverheiratet zusammenleben, fast verdreifacht. Mit anderen Worten: Die Ehe als allein gültiger Beziehungsentwurf hat von einer Generation zur nächsten gewaltig Federn gelassen. Mehr als 50 Jahre verheiratet, so wie Opa Joe in Amerika, sind in Deutschland nur rund eine Million Paare – trotz überalterter Gesellschaft. Im Durchschnitt hält eine Ehe in Deutschland heute nicht etwa lebenslang, sondern nur 14,8 Jahre. Längst ist eine Trennung kein gesellschaftliches No-Go mehr, sondern der Normalfall.

CKR Ich wollte nie heiraten und hatte mich auch nie wirklich mit dem Thema beschäftigt, bis ich meine spätere Frau Susanne traf. Wir lernten uns in China kennen, wo wir beide gerade arbeiteten. Dann kam für mich der Ruf nach Dresden, wo ich ein Grand Hotel eröffnen sollte. Und Susanne wollte nicht mitkommen. Wochenlang flog ich zwischen China und Dresden hin und her. Und schließlich machte ich ihr einen Antrag, um sie von der Ernsthaftigkeit meiner Absichten zu überzeugen. Damit sie mir doch noch folgen würde. Das tat sie auch. Heirat als Handhabe: Das war romantisch gemeint, doch letztlich habe ich damit genau das Klischee erfüllt, dem ich mich immer verweigert hatte. CKR

Relevanz ist ein Entwicklungsthema. Unser Leben entwickelt sich heute mit rasender Geschwindigkeit. Karrierepfade verlaufen nicht mehr gerade, Lebensläufe bekommen gern und sogar freiwillig einen Knick, und die eigene Relevanzexpedition dauert bei immer mehr Menschen ein ganzes Leben lang an.

SH Wir bleiben in unserer Lebensgestaltung nicht mehr am ersten komfortablen Wegpunkt stehen und richten es uns gemütlich ein, um für immer zu bleiben. Ohne meinen ersten Mann wäre ich nicht die Unternehmerin, die ich heute bin. Sein Vater wurde für mich zu einem wichtigen Mentor und das Familienunternehmen war eine wertvolle Schule. Auch die Zeit mit meinem zweiten Mann war eine wichtige Wachstumszeit. Er ließ mir die Freiheit, unabhängig von ihm beruflich aufzublühen. Denn

mich versorgen zu lassen, das wollte und konnte ich nie. Beide Ehen waren Weggabelungen für mich, doch beide endeten auch an Weggabelungen. Ist es denn wirklich ein Scheitern, wenn eine Beziehung nicht mehr zu uns passt? Wir haben heute die innere Freiheit, weiterzugehen. Dennoch möchte ich keine meiner langjährigen Beziehungen missen. Jede war zu ihrer Zeit relevant, und auf andere Weise ist sie das auch jetzt noch. Ich fühle kein Scheitern. SH

Relevanz, dieses rastlos fragende Grundbedürfnis, treibt uns weiter. Gesellschaftlich, geografisch, wirtschaftlich ... Mit Lichtgeschwindigkeit trennen wir uns von Ideen und Träumen, die nicht mehr ins Gepäck passen. Und auch von Ängsten und Glaubenssätzen, die uns am Weitergehen hindern.

Ideen, Träume, Ängste und Glaubenssätze: Alles Dinge, auf denen viele Beziehungen aufbauen. Gemeinsame Ideen und Träume scheiden als Bindungsmittel aus, wenn sie für einen Partner ihre Anziehungskraft verlieren. Und: Die Angst vorm Alleinsein und der Glaube an die lebenslange Partnerschaft verlieren an Bindungskraft, wenn das eigene Relevanzempfinden wächst.

Vieles spricht dafür, dass wir das Thema Partnerschaft deshalb heute flexibler handhaben. Wir legen uns später fest. Und wir lassen uns lieber auf Beziehungsformen ein, die dem permanenten Wandel standhalten und uns keine goldenen Fußfesseln anlegen.

Eine weitere Feststellung der Demografen stützt diese Vermutung: Je älter die Partner sind und je länger sie sich kannten, bevor sie vor den Standesbeamten treten, desto besser stehen statistisch betrachtet die Chancen, dass die Ehe hält. Beides trifft auf Martina und Steffen zu: Sie kennen sich fast ihr ganzes Leben lang, und geheiratet haben sie statistisch betrachtet spät. Auf dem Papier ist die Wahrscheinlichkeit hoch, dass ihre Ehe halten wird.

Der Faktor Liebe spielt in dieser Statistik keine Rolle. Denn Liebe ist, im Gegensatz zur Ehe, ein sehr dehnbarer Begriff. Und viel mehr als die Klischees, die ihm anhaften.

Adam und Eva reloaded

Einer Definition von Liebe wollen wir uns in diesem Buch nicht annähern. Noch die größten Dichter und Denker ihrer Zeit sind an dieser Mission gescheitert, ein Jahrhundert ums andere. Wir glauben, dass es dafür einen Grund gibt:

> SH **Es gibt nicht die eine Liebe, sondern viele Lieben.** SH

Vielleicht sogar so viele, wie es Partnerschaftsentwürfe gibt.

> CKR **Es gibt die sexuelle Liebe und die alltagstaugliche Liebe.** CKR

Die Liebe existiert in der Not genauso wie im Überschwang, zwischen Männern und Frauen genauso wie zwischen Männern und Männern und Frauen und Frauen, über Altersgrenzen hinweg genauso wie über Ländergrenzen. Wie könnte es nur die eine Liebe geben? Wie könnten Menschen, die völlig unterschiedlich sind und völlig unterschiedlichen Lebensentwürfen folgen, durch einen universellen Liebesentwurf über einen Kamm geschoren werden? Es scheint uns unmöglich, die Liebe zu schubladisieren.

Spannend finden wir dagegen die Frage, welche Relevanz die Liebe in unserem Leben hat, oder vielmehr: welche Art von Relevanz wir in der Liebe suchen. Gäbe es die eine, große, wahre, alles verzehrende, »Nicht ohne den anderen leben können«-Liebe (Carry Bradshaw ...), dann hätte die Suche nach ihr zweifellos hohe Priorität in unserem Leben. Hat sie für viele ja auch – aber für wen genau eigentlich?
Die Filmindustrie lebt in hohem Maße von diesem Klischee. Romantische Komödien: Das sind die Filme, die die Frauen so gern schauen, zum Verdruss ihrer Männer, heißt es.

CKR **Bei meiner ersten Verlobung hatte ich alles perfekt geplant. Und dann ging alles schief, was schiefgehen konnte. Ein schickes Abendessen bei Käfer. Ich hatte dem Kellner den Ring gegeben, und er versenkte ihn wie geplant im Champagnerglas. Die Holde hob das Glas, trank, stellte es wieder ab und — nichts. Der blöde Ring hatte sich am Boden des Glases verkeilt. Und mir blieb nichts anderes übrig, als sie darauf aufmerksam zu machen: »Schau dir das Glas doch mal genau an ...« Total romantisch. Damit war die sorgfältig geplante Inszenierung natürlich ruiniert. Ich war dermaßen sauer ...** CKR

Tja, das Glück ist eben doch nicht immer mit dem Tüchtigen. Aber genau so wünschen die Damen es sich angeblich. Der Kuss auf der Parkbank, die Kutschfahrt im Central Park, der Heiratsantrag unter Palmen und der Liebesbrief auf dem Kissen: Da stehen die Frauen drauf, und die Männer bekommen eine Kitsch-

Allergie. Frau – Mann, Mann – Frau, mit Klischeehumor lebt sich's leichter. Stimmt's?
Pustekuchen: Die meisten Frauen von heute schauen sich die Hollywood-Schnulzen zwar an, glauben aber kein Stück daran. Sie lassen sich einfach davon unterhalten wie der Partner vom Fußball oder von Arnie. Der Beziehungscoach Christian Thiel sagt: In der Realität sind es vielmehr die Männer, die den romantischen Klischees anhängen und auf die eine große Liebe warten. Im Gegensatz zu den meisten Frauen glauben sie auch an die Liebe auf den ersten Blick. Die meisten Männer packen die Partnersuche viel emotionaler an als der Großteil der Frauen, die ihren Verstand bei der Partnersuche nicht ignorieren.
Männer sagen deshalb auch viel früher: »Ich liebe dich.« Sieben Prozent knallen das ihrem Date sogar schon beim ersten Treffen an den Kopf. Kein Wunder also, dass sie zehnmal so oft zurückgewiesen werden wie die Frauen. 80 Prozent aller Männer reicht es schon, wenn die potenzielle Partnerin gut aussieht und nett zu ihnen ist, also ihrem Ego guttut – dann wollen sie mehr. Frauen schauen genauer hin: Sie beziehen auch Fragen nach Status, Bildung und Einkommen in die Entscheidung ein.
Adam in neurochemischer Verwirrung und Eva mit der Checkliste: Da stellt sich doch die Frage, wie viel man auf die alten Klischees von Liebe und Partnerschaft überhaupt noch geben kann.
Wir glauben: alles und nichts. Es gibt die Geschichten vom Aschenputtel und dem Prinzen. Es gibt die Paare, die sich auf den ersten Blick ineinander verlieben. Es gibt die Norm-Ehe mit zwei Kindern und Doppelhaushälfte in der Vorstadt. Es gibt all das, millionenfach. Für durchschnittlich 14,8 Jahre. Daneben gibt es noch viel, sehr viel mehr. Und das ist auch gut so.

Macht Liebe glücklich?

Eine banale Frage, könnte man meinen. Selbst wenn man sich von den romantischen Klischees über die Liebe verabschiedet hat. Liebe ist nachweislich gesund. Glückshormone werden ausgeschüttet, das Gefühl der Geborgenheit wirkt sich positiv auf die seelische Grundstimmung und die Krisenfestigkeit aus, der Sex ist sogar gut fürs Immunsystem.

Werden Menschen gefragt, was genau sie an der Liebe glücklich macht, kommen allerdings eher überraschende Antworten zutage. Die haben mit Gesundheit und Nestwärme eher wenig zu tun. Und dafür sehr viel damit, wie die Liebe sich auf die Selbstwahrnehmung auswirkt. Sie erinnern sich: da, wo das Relevanzempfinden sitzt.

Eine Studie des Instituts für Demoskopie Allensbach ergab folgende Ergebnisse: Drei Viertel aller Partner beglücken vor allem gemeinsame Unternehmungen, also: miteinander mobil sein und etwas erleben. Sogar das abendliche Ausgehen und gemeinsame Frühstück stehen höher im Kurs als Sex. Und als wichtigster Liebesbeweis gelten nicht etwa Geschenke, sondern Toleranz und Unterstützung.

Erleben, Toleranz, Unterstützung: Das sind keine Klischees, das sind Relevanzkriterien – und zwar solche, die mit Liebe und Partnerschaft erst einmal wenig zu tun haben.

Erfüllung durch Liebe scheint viel damit zu tun zu haben, was die Liebe für uns als Einzelne tut. Und sie scheint umso glücklicher zu machen, je besser sie das stützt, was uns auch vor der Liebe schon wichtig war: unsere eigenen Relevanzkriterien.

[SH] Eine Beziehung gelingt meiner Erfahrung nach, wenn wir den anderen lassen können, wie er ist. Wenn wir Konflikte miteinander haben können, die die Partnerschaft bereichern und stärker machen. Wenn wir einander genügend vertrauen, um diese Konflikte annehmen zu können, statt ihnen auszuweichen. [SH]

Bezeichnenderweise sind es auch genau diese Punkte, an denen Partnerschaften scheitern. Häufigster Trennungsgrund: Die Partner haben sich »auseinandergelebt«.

[CKR] Eine gute Partnerschaft besteht für mich darin, dass die Partner sich gegenseitig in ihrer Relevanz bestärken, anstatt sich zu bremsen. Wenn man in der Beziehung Kraft aufwenden muss, um der eigenen Relevanz zu folgen, ist sie zum Scheitern verurteilt. [CKR]

Eine erfüllende Partnerschaft ist offenbar eine, die uns nicht zu verändern sucht, sondern unsere eigenen Veränderungen mitmacht. Demzufolge ist der »richtige« Partner derjenige, der uns Spielraum für die eigene Relevanzexpedition lässt. Der auch mal anderer Meinung ist und trotzdem weiter mitkommt. Der uns unsere eigene Relevanz lässt.

Und das setzt voraus, dass er auch eine eigene hat. Dass er es nicht nötig hat, bei uns anzudocken und Relevanz zu zapfen.

Auf die Frage »Wer macht mich glücklich?« möchten wir deshalb nur mit einem Tipp antworten: Der Partner ist es nicht. Ein guter Partner kann unserer Meinung nach vielmehr aushalten, dass wir auch ohne ihn glücklich sind – weil wir unseren eigenen Relevanzideen folgen.

Relevanz können wir aus der Liebe oder der Partnerschaft also nicht beziehen. Vielmehr ist Relevanz die Voraussetzung dafür, dass Liebe und Partnerschaft gelingen. Wir können uns nicht glücklich machen lassen, sondern höchstens euphorisch und geborgen.

Doch Liebe und Partnerschaft sind keineswegs unbedingt auf 14,8 Jahre beschränkt. Wir sind keine Sklaven der Statistik. Beziehungen halten, solange sie die Relevanzentwicklung der einzelnen Partner stützen statt behindern. Solange eine dynamische Entwicklung, Mobilität und das gemeinsame Erleben im Mittelpunkt der Beziehung stehen.

MUSS MAN DAFÜR VERHEIRATET SEIN?

Natürlich nicht – kann man aber.

IST DIE EXPEDITION AUF ZWEI TEILNEHMER BESCHRÄNKT?

Keineswegs – geht aber auch allein.

KANN MAN SICH AUF DIESEM PFAD VERLIEREN UND WIEDERFINDEN? ABSOLUT – ABER AUCH IN DANKBARKEIT VERABSCHIEDEN.

SH**Ich habe durch meine Beziehungen festgestellt: Wir sind als Menschen keine Momentaufnahmen. Partnerschaft fußt auf der Bereitschaft, sich mit Überraschungen auseinanderzusetzen.**SH

Und unsere Antwort auf die Frage nach dem Glück durch Liebe? Nur wenn wir selbst zufrieden sind, haben wir überhaupt die Kapazität, andere in ihrer Relevanz zu stärken - und glücklich sein *zu lassen*.

Die Liebe ist tot, es lebe die Liebe

Die radikale Feststellung der israelischen Soziologin Eva Illouz hinterlässt bei uns gemischte Gefühle: »Die Liebe ist tot. Sie wurde durch neue emotionale Formen ersetzt.«
Wenn wir uns Martina und Steffen mit ihrem wasserdichten Partnerschaftsentwurf so ansehen, sind wir einerseits geneigt, sie als Beweis für diese These zu betrachten. Was die beiden eint, ist keine romantische Liebe, wie Hollywood-Dramaturgen sie uns bis heute als Idealbild empfehlen. Andererseits: Wer sagt, dass es nicht doch eine Liebe ist, die die beiden eint?
Die Suche nach der »richtigen« Definition von Liebe, das sture Festhalten an Begriffen wie der »echten Liebe«, die verzweifelte Suche nach einer Formel für die »wahre Liebe« - all das scheint uns den Blick dafür zu verstellen, dass Liebe in der Realität ganz einfach sehr unterschiedlich gelebt wird. Sie scheint der Theorie und Ratgeberei genauso wenig zugänglich zu sein wie das Glück. Allein schon, dass es Abertausende Rezepte dafür geben soll, führt die Suche nach jenem Heiligen Gral ad absurdum.

Die Liebe kann man nun mal nicht anfassen. Doch das konnte man auch vor dem digitalen Zeitalter nicht. Muss man sie deshalb für tot erklären? Vielleicht ergibt es einfach mehr Sinn, sie der Klischees zu entheben. Vielleicht können wir ihr zugestehen, was wir allen anderen Aspekten unserer Lebensgestaltung auch zugestehen: dass sie sich mit uns verändert, dass sie Brüche und Umwege kennt, und dass sie ergebnisoffen ist.

Vielleicht ist die ewige Liebe harte Arbeit. Vielleicht aber auch Glück, im Sinn von Zufall, und nochmals Glück. Und vielleicht gehört beides dazu. Vielleicht brauchen wir die Liebe nicht mehr als Talisman in der Vitrine. Vielleicht haben wir mehr von ihr, wenn wir sie einfach leben, und mit ihr leben, und sie sich natürlich mit uns entwickelt.

Wenn wir Liebe so betrachten, verliert sie vielleicht ihren mythologischen Status – doch sie wird auch erreichbar. Sie darf Kratzer bekommen, scheitern und wieder aufstehen. So wie alles andere, was wir auf dem Weg zur eigenen Relevanz erleben.

Das wäre eine Liebe, die mit dem Leben, das wir heute führen, mithalten kann. Das wäre eine Liebe, die eine Stimme und einen Gestaltungsanspruch hat. Und eine, die die vielfältigen Formen von Partnerschaft ermöglicht, die es heute gibt, statt von der Glückserwartung erdrosselt zu werden, die ihr anhaftet wie das Zölibat dem Priester.

Die Liebe ist keine Glücksdroge. Wenn sie nur im Glück funktioniert, taugt sie nicht einmal als Grundlage einer Partnerschaft. Das ist eine mögliche Antwort auf die Frage, warum es zwischen Martina und Steffen auch ohne Leidenschaft funktioniert: Partnerschaft geht auch ohne romantische Liebe. Und ganz bestimmt ohne Blitzeinschlag bei der ersten Begegnung. Aber warum sollte so eine Partnerschaft nicht auch liebevoll sein oder werden können? Wenn zwei einander kennen wie die eigene Westentasche und den anderen dennoch sein lassen können, wie er ist – warum soll das keine Liebe sein?

SH Treue gibt es nur in Freiheit. Ich fühlte mich immer schon am meisten hingezogen, wenn ich wusste, dass ich Raum habe und auf Liebe vertrauen kann. SH

Wer den anderen nach seiner Relevanz suchen lässt, ist ein guter Begleiter. Wer dagegen das Glück im anderen sucht, wird in der Partnerschaft einsamer sein als allein.
Wenn es aber nicht die Glücksdroge Liebe ist, die Opa Joe und immerhin eine Million Paare in Deutschland 50 Jahre und länger aneinander bindet, was ist es dann? Und wenn es auch nicht die Verpflichtung namens Ehe ist, die dafür sorgt, was bleibt dann noch? Wir glauben: einen Partner gefunden zu haben, der auch 50 Jahre später noch immer zum eigenen Lebensentwurf passt.

CKR Mein Leben lang frage ich mich schon, wie Liebe eigentlich funktioniert. Die beste Antwort, die ich bisher gefunden habe: Wenn wir uns entwickeln und den anderen dabei immer noch mitnehmen wollen, anstatt ihn zurückzulassen, dann ist es wahrscheinlich Liebe. CKR

Was auch immer das sein mag. Und dann sind wir auf diesem Weg wahrscheinlich auch gemeinsam glücklich – was auch immer das bedeuten mag. Vielleicht für 50 Jahre. Vielleicht für zehn gute Sommer.

Liebe in Zahlen

Anteil der arrangierten Ehen weltweit	60 %
Anteil der Deutschen, die in einer Beziehung leben	71 %
Anteil der Deutschen, die an die Liebe fürs Leben glauben	72 %
Anteil der Liierten, die ihre Beziehung als glücklich bezeichnen	90 %
Anteil der Scheidungen innerhalb von 25 Jahren an allen Ehen	35 %
Durchschnittliche Dauer einer deutschen Ehe in Jahren	14,8
Zahl der Nutzer von Singlebörsen in Deutschland	8,2 Mio.
Anteil der Singles bis 49 Jahre, die online Partner suchen	11 %
Anteil der Singles von 50 bis 59 Jahren, die online Partner suchen	30 %
Anzahl der Sexualpartner im Leben eines Deutschen	5,8
Zahl der Deutschen, die in Fernbeziehungen leben	8 Mio.

Zusammen leben: Familie und Kinder

Wem gehöre ich?

Elternrelevanz

»Wir können nicht mit Sicherheit sagen, wie sich diese Krankheit entwickeln wird. Wir können sie behandeln, aber die Folgen sind an diesem Punkt schwer absehbar. Ihr Sohn könnte sterben oder schwere Schäden zurückbehalten, oder er könnte es schadlos überstehen. Eine genauere Prognose wagen wir nicht, Herr Rath.«
Diese Worte sind der Albtraum aller Eltern. Hätte ich sie nie zu hören bekommen, wäre ich wahrscheinlich ein anderer Vater geworden.
Mein Sohn David erlitt kurz nach seiner Geburt eine schwere Gehirnentzündung. Die Enzephalitis wird in den meisten Fällen durch Viren ausgelöst. Unbehandelt hat sie eine hohe Sterblichkeitsrate. Zu ihren Symptomen gehören unter anderem Bewusstseinsstörungen wie Bewusstlosigkeit oder Verwirrtheit, Verhaltensveränderungen, Halluzinationen und neurologische Ausfälle.
Und an dieser schlimmen Krankheit litt mein Sohn. Der kleine David, drei Monate alt, der sich noch nicht einmal artikulieren konnte. Den wir nicht fragen konnten, wie es ihm ging. Dessen Verhalten wir entschlüsseln mussten, ohne zu wissen, was normal war und was von der Krankheit beeinflusst.

David war in einer Art Trance. Halb wach, halb im Koma. Er wurde über den Tropf ernährt. Und dieser Zustand hielt etwa ein Jahr lang an. Wir wussten nicht, wie es weitergehen würde. Auch wenn er überlebte, so fühlte es sich an, würden wir ihn vielleicht verlieren, ohne ihn tatsächlich zu verlieren – ohne ihn je wirklich gekannt zu haben. Seine ganze Persönlichkeit, seine Talente, sein Potenzial. Zu den möglichen Verläufen gehörte, dass Davids Gehirn und Nervensystem sich nicht voll entwickeln würden. Möglicherweise würde er nie in den Vollbesitz seiner geistigen Kräfte kommen oder schwerbehindert aufwachsen.

Ich musste mich mit der Vorstellung auseinandersetzen, dass ich mit meinem Sohn nie ein Gespräch von Mann zu Mann würde führen können, wie jeder Vater es sich erträumt.

Die Ungewissheit war kaum auszuhalten. Ein Jahr lang schwebte sie wie eine dunkle Wolke über unserem Familienleben. Ein Jahr lang lebten wir in Angst. Verlustangst, Zukunftsangst, Lebensangst, scheiß Angst!

Das macht viel mit einem Vater. Besonders mit einem, der noch nie Vater gewesen ist.

Ich hatte immer ein entspannter Vater sein wollen. Mein Sohn sollte immer auf den höchsten Baum klettern dürfen, ohne dass ich ihn zwanghaft davon abzuhalten versuche. Er sollte sich frei entwickeln können, sich ausprobieren und seine Grenzen austesten. Ich wollte nie zu den Vätern gehören, die ihre Kinder über Verbote erziehen – aus der eigenen Angst heraus. David sollte nicht überbehütet aufwachsen, sondern so frei wie möglich und nur so eingeschränkt wie unbedingt nötig.

Wir hatten großes Glück. Die Gehirnentzündung heilte nicht nur vollständig aus – unser Sohn behielt auch keinerlei Folgeschäden zurück.

David, der heute schon ein junger Mann ist, ist auf viele Bäume geklettert. Auf echte und auf metaphorische. Oft ist es mir tatsächlich gelungen, mir die Warnungen und Verbote zu verkneifen. Doch entgegen meinem Vorsatz war mir oft danach, zu sagen: »Tu es nicht, du könntest runterfallen! Mach nicht diesen Sport. Fahr nicht allein dorthin. Sei vor Mitternacht zu Hause. Lass dich nicht auf so ein Mädel ein. Geh nicht dieses Risiko ein, erspar dir jene Enttäuschung, hör auf deinen Vater!«

Die Verlustangst hatte mich zum Beschützer werden lassen. Davids Krankheit ließ die Familienbande sehr eng werden. Und damit auch: die Bande um David. Seine Freiräume mussten wir uns gemeinsam erkämpfen. Die Familie wurde zum Schutzraum, und Davids Wohlergehen für einige Zeit zum alleinigen Relevanzkriterium. Erst nach und nach kamen wieder andere hinzu.

Irgendwann konnte David seine Freiräume allein behaupten, und damit wuchsen auch unsere wieder. Heute können wir gemeinsam weiter wachsen und so viele Männergespräche führen, wie wir wollen. Doch in den frühen Jahren ist meine Entwicklung als Vater und unsere Entwicklung als Familie anders verlaufen, als ich mir das vorgestellt hatte.

»Unsere Kinder schenken uns Relevanz.« Welche Mutter und welcher Vater würden diesen Satz nicht unterschreiben? Für unsere Kinder sind wir Beschützer, Vorbild und Blaupause.

Doch es ist ein sehr gefährlicher Satz – nicht nur für die Entwicklung unserer Kinder, sondern auch für unsere eigene.

CKR**Familie ist Verantwortung. Diese Lektion habe ich durch die frühe Krankheit meines Sohnes auf die harte Tour gelernt.**CKR

Doch wie wir diese Verantwortung wahrnehmen, interpretieren und gestalten – das ist eine sehr individuelle Frage. Bei den Eislaufmüttern und Tennisvätern wird der Mikrokosmos Familie, sogar reduziert auf die Eltern-Kind-Beziehung, zum alleinigen Relevanzkriterium: Sie leben sich durch ihre Kinder hindurch aus. Wir könnten auch sagen: auf dem Rücken ihrer Kinder. In Prenzlauer Berg und in anderen Gentrifizierungszentren deutscher Großstädte sorgt die Massenbewegung der Latte-macchiato-Mütter für Aufsehen. Wie vielfältig die Entwürfe von Familie inzwischen sind, zeigen die Patchwork-Familien. Und manche Familien sind auf dem Papier eigentlich gar keine mehr, leben das Familienbild aber dennoch weiter. Manch junger Mensch lebt heute spießiger als seine Eltern, und manche Eltern stürzen sich in späte Experimente.

Der Unterschied zwischen all den verschiedenen Entwürfen von »Familie« besteht in der Frage, welche Kriterien die Menschen leiten: die Familie oder die Kinder als Quelle von Relevanz? Die Familie als Schnittpunkt verschiedener Relevanzkriterien? Die Familie als Nährboden für die eigene Relevanzexpedition? Oder auch: die Familie als Grenzzaun der Relevanz?

Manche dieser Entwürfe lassen den Eindruck zu, dass »Familie« ausgedient hat. Früher war sie klar personell definiert: Mutter, Vater, Kind(er). Heute verstehen viele unter »Familie« einfach die Gruppe von Menschen, der sie sich zugehörig fühlen – selbst gewählt.

SH **Wenn ich mich in meinem Bekanntenkreis umsehe, stelle ich fest, dass die Familienentwürfe deutlich bunter geworden sind. »Zusammen leben« ist keine genetische Vorgabe oder juristische Entscheidung**

mehr, sondern ein Bündnis, das über Relevanzkriterien geschmiedet wird.[SH]

Und die sind immer im Wandel. Relevanz ist Leben.

Glücklich geschieden

»Wow, eine Eins in Mathe? Das wird Papa aber sehr freuen. Flitz mal runter zu ihm und erzähl ihm das! Und frag ihn bitte gleich mal, ob er noch Milch übrig hat, wir haben keine mehr.«

Ein Familiengespräch, wie es alltäglicher und zugleich ungewöhnlicher nicht sein könnte. Entweder hat Papa sein Büro im Keller und dort einen extra Kühlschrank, oder mit dieser Familie stimmt irgendwas nicht. Die werden doch nicht …? Nein, kann nicht sein. Eine getrennte Mutter schert sich doch einen Teufel darum, worüber ihr Ex-Mann sich freuen würde.

In dieser Familie: eben doch. Die Eltern dieser Tochter leben getrennt, aber zusammen. Was früher ein Verstoß gegen alle guten Sitten gewesen wäre, ist hier Normalität. Die Scheidung von Eva und Christian ist über zehn Jahre her. Tochter Friederike war damals fünf. Heute ist sie 15 und lebt mit ihrer Mama im gleichen Haus, aber ein Stockwerk über Papa.

Als Paar ging bei den beiden irgendwann nichts mehr. Ein paar Jahre nach Friederikes Geburt hatten sie sich noch zusammengerissen, doch dann war ihnen der schöne Schein die Lebenskraft nicht mehr wert gewesen, die das tägliche Schauspiel kostete. Sie beschlossen, sich scheiden zu lassen. Dennoch stand für beide außer Frage: Ihre Tochter sollte mit beiden Eltern aufwachsen. Ihre Beziehung mochte am Ende sein, doch Friederike hatte ein Anrecht auf Familie.

Zu ihrer eigenen Verblüffung funktionierte das Arrangement von Anfang an besser als in den Jahren, in denen sie das traditionelle Familienbild aufrechterhalten hatten. Eva, eine Anwältin mit eigener Kanzlei, ging schon wenige Monate nach der Geburt wieder arbeiten. Christian blieb zu Hause und kümmerte sich vor allem um Friederike und den Haushalt.

Getrennte Kühlschränke haben die beiden Stockwerke im Haus nicht etwa, weil die Eltern einander möglichst effektiv aus dem Weg gehen wollten. Vielmehr essen sie oft zusammen, gehen gemeinsam zu Schulveranstaltungen, teilen sich die Erziehungsaufgaben und stimmen ihre Zeitpläne permanent aufeinander ab. Das, was anfangs zwingend notwendig war, ist einfach zur Gewohnheit geworden: Die Lebensmittel landeten in getrennten Küchen, weil diese Familie auf dem Papier keine mehr sein durfte.

Das Gesetz hat nämlich kein Verständnis dafür, dass Menschen aus ganz vernünftigen Gründen zusammenbleiben, obwohl sie nicht mehr zusammen sind. Eine Scheidung setzt in Deutschland die Trennung von Tisch und Bett voraus. Bekäme Justitia mit, dass die Einkäufe im gleichen Auto nach Hause fahren und womöglich noch gemeinsam zubereitet und verspeist werden, hätte es keine Scheidung geben dürfen. Die Trennung war weniger ein emotionales Problem für die beiden, sondern eher ein praktisches. Bei den Anhörungen mussten sie glaubhaft vermitteln, dass sie so wenig wie möglich miteinander teilten. Also spielten die beiden wieder eine Rolle, um dem Schauspiel entkommen zu dürfen, von dem sie sich befreien wollten.

Sie haben sich nicht abschrecken lassen und heute funktioniert die Familie, die auf dem Papier keine mehr ist, besser als je zuvor. Christian hat den eigenen Kühlschrank aus praktischen Gründen schätzen gelernt, aber sonst hat sich nicht viel verändert – jedenfalls nicht für Friederike. Papa wohnt jetzt ein Stockwerk tiefer. Schon fast, seit sie denken kann. Sie erlebt ihre Eltern als zwei Menschen, die die Achtung voreinander nicht verloren haben.

Ein Vorbild, das sie einigen ihrer Schulkameraden voraushat. Deren Eltern sind zwar größtenteils noch verheiratet, doch manche davon können sich nicht mehr ausstehen. Eva und Christian lassen den anderen sein Leben leben. Dennoch gehen sie verbindlich miteinander um und lassen ihre Verantwortung als Eltern nicht unter ihrer emotionalen Trennung leiden.

Die Relevanz dieser Familie besteht im gemeinsamen Ziel, Friederike einen guten Start zu ermöglichen – mit der Geborgenheit und Zugehörigkeit, die ein Kind braucht. Dennoch können Eva und Christian ihren jeweils eigenen Weg gehen. Sie können Eltern sein, sogar eine Familie sein, ohne ihre Individualität dafür aufzugeben.

Früher war Familie zeitlos, und den ewigen Bund zeitlich zu befristen, war ein Skandal. Aus der Kirche auszutreten, aus der Partei oder gar aus der gesetzlich verankerten familiären Verantwortung, hatte sofortige gesellschaftliche Ächtung zur Folge. Mal ganz davon abgesehen, dass es ein gewaltiger bürokratischer Akt war. Als ob eine unterzeichnete Scheidungsurkunde etwas an der Verantwortung einer Mutter oder eines Vaters ändern würde. Verantwortung ist eine Folge von Relevanz und eine Heiratsurkunde keine Besitzurkunde. Eine Geburtsurkunde übrigens auch nicht.

Sind Eva, Christian und Friederike etwa keine Familie? Wo fängt denn Familie an, und wo hört sie auf? Die juristische oder biologische Zuschreibung ist nicht haltbarer als alles andere, was in eine Schublade passt.

SH **Eine Freundin von mir hat ihren biologischen Vater erst mit Mitte 30 kennengelernt, als sie an einem Punkt in ihrem Leben war, wo sie das Bedürfnis hatte, Bilanz über das Bisherige zu ziehen und ihre Wurzeln zu ergründen. Lange Zeit konnte ich beobachten, wie sie sich diesem Punkt annäherte. Und dann rief sie mich eines Tages an und sagte: »Sabine, jetzt ist es so weit. Jetzt will ich ihm unbedingt in die Augen schauen.« Sie wollte herausfinden, welche Eigenschaften sie von ihm in sich trug und woher manches kam, das sie vorher nicht recht zuordnen konnte. Zuvor war der Drang, ihn zu treffen, nie stark genug gewesen. Die Geschichte dieser Freundin hat mir vor Augen geführt, wie sehr sich die Relevanz von Familie im Laufe des Lebens verändert. Welche Menschen das sind, welche Rolle sie spielen und wie stark sich das auf unsere Selbstwahrnehmung auswirkt — das ist keine unveränderliche Konstellation. Familienbeziehungen sind wie ein Kaleidoskop, das sich mit jeder Drehung am Rad der Zeit verändert.** SH

Die Behauptung, »Familie« habe ausgedient, erscheint uns nicht haltbar. Wir glauben: Sie organisiert sich einfach neu. Weil wir unsere Zugehörigkeit heute wählen können. Weil es keine große Sache mehr ist, wenn wir uns neu verorten. Weil man dreimal geschieden sein oder sich mit 50 als homosexuell outen kann, ohne dass Frau Müller von nebenan deshalb noch einen Herzinfarkt bekäme. Nur mit dem Papierkram hat man immer noch zu kämpfen.

Zusammen leben, in welcher Konstellation auch immer, ist kein ewiger Schwur mehr, sondern ein Ausdruck von Wahlfreiheit.

Vielleicht beschreibt das schwer zu definierende Wort »Familiensinn« ganz gut, was Familie wirklich ausmacht: ein unsichtbares Band, das man nicht sehen und nicht anfassen kann, das man aber spürt. Wir finden: Familie ist nicht einfach eine festgelegte Gruppe von Menschen.

Nach vorn in die Vergangenheit

Als wir unseren Praktikanten Tom zum ersten Mal durch die Tür kommen sahen, dachten wir: Der könnte als Katalogmodell der Generation Y herhalten. Das erste Gespräch bestätigte den Eindruck zunächst: geboren in den frühen 90ern, achtet auf seine Gesundheit genauso wie auf sein Äußeres, leger gekleidet mit Hang zum Stilmix. Tom hat ein Faible für alles Technische und das Smartphone immer im Anschlag; qualifiziert und neugierig, mit Ausbildung in einem hoch spezialisierten Software-Unternehmen. Ein sensibler Mann, aber auch ein Charakter mit Ecken und Kanten. Einer, der immer hinterfragt, nichts für bare Münze nimmt und sehr sinngetrieben entscheidet. Und zu allem Überfluss auch noch Mediendesigner: einer jener Schnittstellenberufe zwischen Wissens- und Kreativarbeit, denen laut Marktforschung die Zukunft gehört. Mehr Zeitgeist geht doch gar nicht. Dachten wir.

Bis wir irgendwann zum ersten Mal mit Tom über Privates sprachen. Und sich herausstellte: Tom, Mitte 20, lebt nach Feierabend den Lebensentwurf unserer Großeltern. Von außen betrachtet, jedenfalls. Mit seiner Freundin ist er schon seit zehn Jahren zusammen und hatte nie eine andere. Dass die beiden im richtigen Moment heiraten und Kinder bekommen werden – und zwar in dieser Reihenfolge –, steht völlig außer Frage. Und die Krönung: Sie leben auf einem Bauernhof. Nicht etwa einem, der schon im Familienbesitz war und ihnen aufgedrängt wurde, nein: Die beiden haben sich das ganz bewusst so ausgesucht. Sie haben den alten Hof übernommen und richten ihn gerade als Nest für ihre zukünftige Bilderbuch-Familie her. Mit Mitte 20! Weil sie es so wollen, und nicht anders, und zwar bis ans Ende ihrer Tage. Dort, gemeinsam mit ihren Kindern, und nirgendwo sonst.

Tom, dessen Kopf das Wissen aus dem Silicon Valley aufgesogen hat und der die internationalen Sprachen von Design und IT beherrscht, ist ein ... Lebensgestaltungskonservativer. Was zum Beispiel bedeutet, dass die Familie für ihn die allerhöchste Relevanz hat.

Und da können wir Generation-Xler uns wundern, wie wir wollen: Tom ist ganz und gar keine Ausnahme. Die Sehnsucht nach Familie nimmt wieder zu. 65 Prozent der Generation Y ist Familie in ihrem Leben sehr wichtig, hat eine *bento*-Umfrage unter Ylern ergeben. Karriere? 40 Prozent. Smartphone? 20 Prozent. Getoppt wird die Familie nur von Gesundheit mit 80 Prozent und »finanzieller Unabhängigkeit« mit 71 Prozent. Klar – ohne die wird es schwierig mit dem Ausbau des Bauernhofs. Glasfaserkabel muss ja schon. Und vor allem das Reisen (51 Prozent, also vor der Karriere) will finanziert sein.

Überraschende Ergebnisse angesichts all des Getöses über die vermeintlich so rebellische, unangepasste, hedonistische Generation. Und ein weiterer Beweis dafür, dass man auf der Suche nach relevanten Antworten immer am besten den Betreffenden selbst fragt. Eine Autorin, selbst Gen Y, bringt die allgemeine Verwunderung auf den Punkt: »Vielleicht irritiert am Ende gerade dieses pragmatische Vorgehen: Diese Generation will nicht die

Welt umkrempeln, politische Systeme zu Fall bringen oder die ultimative Bewusstseinserweiterung erleben.«

Die Erfahrung lehrt, dass man nicht zu viel Bedeutung in eine einzelne Umfrage legen sollte. Aber unsere Erfahrungen mit jungen Mitarbeitern wie Tom bestätigen den Eindruck, den die Studienergebnisse hinterlassen: Familie, in welcher Form auch immer, ist als Zugehörigkeitsform gerade wieder groß im Kommen.

Dass das ausgerechnet bei einer Generation passiert, die ihre Lebensplanung sehr bewusst nach persönlichen Relevanzkriterien organisiert, ist gewiss kein Zufall. Das liegt an uns. Wir sind die Generation, die dem Prinzip Familie lauter neue Umsetzungsarten hinzugefügt hat. Wir wollten raus aus dem bürgerlichen Idyll, wollten es anders machen als unsere Eltern. Wir – oder viele von uns – haben anderen Werten im Leben den Vorzug gegeben, allen voran der Karriere. Wir sind die Generation der Karriere-Mütter und Wochenend-Väter. Das sind *unsere* Kinder, die sich nach dem alten Wert Familie sehnen – weil viele von ihnen das intensive, verlässlich durchregulierte Familienleben nicht erlebt haben, das wir selbst aus unserer Kindheit kennen. Sie strecken ihre Fühler in die Gegenrichtung aus, bewusst oder unbewusst, um sich von ihren Eltern abzugrenzen. So wie jede Generation vor ihnen.

Das ist die Stelle, an die wir immer zuerst schauen sollten, wenn wir einen Menschen oder auch eine Generation verstehen, erreichen und auch führen wollen:

SH **Wir wollen anders sein als unsere Eltern. Jede Generation will das, auch ohne dass die Eltern irgendwas »falsch« gemacht hätten. Mir hat es bei meinen Eltern an nichts gefehlt, und doch habe ich mich für**

einen völlig anderen Lebensentwurf entschieden. Eltern sind Kontrastfolien für die eigene Entwicklung.[SH]

Allerdings sind wir gleichzeitig davon überzeugt, dass das Pendel bei einer der nächsten Generationen wieder in die andere Richtung ausschlagen wird. Jede Generation macht ihre eigenen Mangelerfahrungen. Und ihre eigenen Erfahrungen mit dem Überfluss.

Wie wird die Liste der Lebensprioritäten bei den Kindern der »neuen Väter« aussehen, die zu Hause bei den Kindern bleiben? Bei den Kindern der gebildeten Mittelschicht-Mütter, die sich – je nach Sichtweise – für ihre Kinder aufopfern oder sich durch sie ausleben? Die Über-Eltern in den Gentrifizierungszentren des Landes formen gerade die Relevanzkriterien der nächsten Generation. Ob die Familie dank maximal behüteter und leistungsoptimierter Kindheit dann wieder genauso hoch im Kurs stehen wird?

Die neuen Über-Eltern

»Wann kommst du nach München, Sabine? Am vierten? Ach, ich wünschte, ich könnte dich auf einen Kaffee treffen. Aber an dem Tag hat Friedrich eine Reitstunde, und ich bin in der Mütter-Fahrgemeinschaft dran, die Kinder hinzubringen. So ein Mist. Ich wäre gern mitgekommen, aber für solche Dinge habe ich einfach kaum noch Zeit. Als Mutter muss man zurückstecken – Friedrichs Belange gehen vor. Ich hoffe, du verstehst das.«

»Kein Problem, dann eben beim nächsten Mal. Aber Claudia, wann hast du dir das letzte Mal Zeit für dich genommen? Früher

habt ihr immer mal Wochenendtrips gemacht, du und Justus. Macht ihr das noch?«
»Ach, das zu organisieren wäre so anstrengend, dass ich lieber gleich zu Hause bleibe. Klar, Friedrich könnte zu Justus' Eltern, aber die halten sich immer nicht an die Ernährungsregeln und die Lernpflichten, und dann muss ich wieder alles von vorn mit ihm verhandeln. Die denken halt, ein Kind aufzuziehen wäre wie früher. Aber Kinder müssen heute ja so viel mehr auf dem Kasten haben, damit sie mithalten können ... Manchmal frage ich mich wirklich, wie andere Mütter das hinkriegen. Und nebenbei noch arbeiten gehen. Ich bin jedenfalls sieben Tage die Woche beschäftigt mit Friedrichs Aktivitäten ...«
»Claudia, wie alt ist Friedrich noch mal? Fünf, oder? Wie viele Aktivitäten hat er denn?«
»Na ja, einmal die Woche reiten, zweimal die Woche Mandarin-Frühunterricht, und mittwochs ist Saxofon. Die Kreativ-Vorschule macht viele Projekte außerhalb des Unterrichts, da ist auch immer was los. Freie Tage gibt es eigentlich nicht. Aber anders geht das ja nicht, sonst geht Friedrich später in der Masse unter.«
»Und du, Claudia? Hast du den Kopf noch über Wasser? So ganz ohne Zeit für dich ...«
»Ach, daran denke ich gar nicht mehr. Ich habe später noch genug Zeit, wenn Friedrich auf eigenen Beinen steht. Bis dahin bin ich Mutter. Friedrich auf den richtigen Weg zu bringen, das füllt mich voll und ganz aus. Wenn man keine Kinder hat, kann man das gar nicht nachvollziehen – als Mutter hat man einfach immer nur die eine Priorität.«
»Claudia, ich habe den Eindruck, du wirst dir selbst untreu.«
Das war wohl eine Spur zu deutlich, denn nach diesem Satz endet das Telefonat recht schnell.

Claudia, Anfang 40, lebt im Glockenbachviertel in München, nach Prenzlauer Berg in Berlin wohl das zweitgrößte Epizentrum der Gentrifizierung in Deutschland. Ihr Mann Justus ist Partner in einer Anwaltskanzlei. Claudia war selbstständige Kreative, bis ihr Sohn zur Welt kam. Mit dem Kind änderten sich ihre Prioritäten: Sie beschloss, zu Hause zu bleiben und sich ihrem Kind zu widmen.

Seitdem telefonieren wir nur noch selten miteinander. Claudias Umfeld hat sich verändert, die meisten ihrer engen Freundinnen leben ebenfalls im Glockenbachviertel, viele in unmittelbarer Nachbarschaft. Sie alle sind Mütter, und nur Mütter. Und sie alle haben, wie Claudia, keine Zeit für sich. Allerdings empfinden sie das gar nicht so, denn sich auszuleben, eigenen Werten zu folgen, Träumen nachzueifern – das alles scheinen sie über ihre Kinder zu tun. Jeden Tag packen sie ihren Kindern den eigenen Relevanzanspruch mit in den Schulranzen und denken gar nicht darüber nach, welche Last ihre Söhne und Töchter da zu schleppen haben.

Und was kommt danach? Mit 18 oder 19 sind die Kinder weg, und das Projekt ist abgeschlossen. Plötzlich ist das Leben dieser Mütter leer. Genau diese Befürchtung habe ich für Claudia. Was wird sie tun? Was wird ihr Relevanz geben, wenn das Projekt Mutterschaft kein Vollzeitjob mehr ist?

SH **Kinder sind etwas Wunderbares. Ich muss nicht selbst Mutter sein, um davon überzeugt zu sein. Carstens Sohn David zum Beispiel ist ein großartiger, reifer, reflektierter junger Mann. Und ich glaube zu wissen, woran das liegt: Seine Eltern haben ihn nicht mit einer Rolle überfrachtet, der ein Kind nicht gerecht**

werden kann. Sie haben ihn nicht für ihre eigene Lebensgestaltung missbraucht, sondern als eigenständigen Menschen erzogen, der für sein Leben und sein Verhalten selbst verantwortlich ist. Sie haben ihm nicht die unzumutbare Bürde auferlegt, für ihr eigenes Selbstbild verantwortlich zu sein. SH

Doch es gibt eine bestimmte bildungsbürgerliche Schicht in den deutschen Großstädten, die genau das tut. Die Latte-macchiato-Mütter machen das Kind zu ihrem Lebensinhalt. Sie definieren sich über ihr Kind - und nur über ihr Kind. Sie betrachten sich als privilegiert, weil sie Kinder haben. Viele von ihnen haben sinnstiftende, oft kreative Berufe aufgegeben, um das Kind zu erziehen.

Auszeiten sind in. Ein Kind ist ein gesellschaftlich akzeptierter Grund für eine Auszeit. Wir müssen den Müttern ja dankbar sein - sie wirken der Überalterung unseres Landes entgegen. Sie tun uns einen Gefallen.

Tun sie das? Autorin Anja Maier - übrigens selbst Mutter - vertritt in ihrem Buch *Lassen Sie mich durch, ich bin Mutter* eine andere Meinung: »Hinter den Türen der Altbauwohnungen, in den Wohnküchen und Parkettkinderzimmern wächst eine Generation heran, die ihre Eltern fest im Griff hat. Es sind Jungen und Mädchen, die schon jetzt ihre Familie dominieren, weil Mama und Papa ihnen den Spitzenplatz in ihrer biografischen Prioritätenliste freigeräumt haben. Diese Kinder haben das selbst nicht so entschieden - dennoch, für sie gilt stets: Me first. So erleben sie es Tag für Tag mit ihren Eltern, die sich ihnen als Personal zur Verfügung stellen. (...) Weil sie wenigstens das zufrieden machen könnte.«

Diese Eltern – es sind nicht immer zwingend die Mütter – haben mit der Elternschaft ihre Relevanzexpedition beendet. Viele von ihnen kennen nur noch andere Mütter oder Väter, deren Lebensinhalt derselbe ist. Die reibungsfreie (oder, je nach Sichtweise: realitätsferne) Kindheitsgestaltung ist, wenn überhaupt, ihre einzige Mission. Sie klagen verkehrsberuhigte Zonen ein und stellen, in Geschwadern in den Straßencafés auftretend, sicher, dass sich in diesen Stadtteilen außer ihren Kindern niemand mehr entfalten kann.

Müssen wir ihnen dankbar sein? Müssen wir froh darüber sein, dass ihre Kinder später qua Erziehung vielleicht unführbar und beratungsresistent sein werden? Und was viel schwerer wiegt: Tut diesen Kindern der Druck gut, dem ihre Eltern sie aussetzen? Profitieren sie davon, dass ihre Eltern sie mit drei Jahren in den Mandarin-Unterricht schicken? Die Antworten auf diese Fragen wird die Zukunft geben.

Schon heute stellt sich allerdings die Frage, was diese Form des »Familiensinns« mit den Eltern macht. Sind sie glücklich? Fühlen sie sich wirklich relevant? Das sind junge Menschen, die gebildet sind, die meist keine ernsten finanziellen Sorgen haben, denen die Welt offenstand. Gleichzeitig sind das auch Menschen, deren Sinnsuche mit Mitte, Ende 30 sehr abrupt geendet hat. Aus freien Stücken. Sie wollten nicht mehr weitersuchen, wie andere es tun – auch *mit* Kind.

Haben sie die Suche einfach an ihre Kinder delegiert? Werden die ihnen beweisen müssen, dass sich ihre selbstlose Aufopferung gelohnt hat, indem sie, ja, was eigentlich – glücklich werden? Erfolgreich? Mächtig, womöglich? Woran bemisst sich der Erfolg des alleinigen Relevanzkriteriums »erfolgreiche Elternschaft«? Der Anspruch, den diese Eltern an ihre Kinder stellen,

scheint zu lauten: »Dein Leben muss gelingen, denn ich verwirkliche mich durch dich.«
Und es stellen sich die Fragen: Werden diese Kinder - bei aller Entfaltung beim Ausdruckstanz und im Straßencafé - wirklich frei sein, sich nach Belieben zu entwickeln? Werden sie selbst entscheiden können, was ein »gelungenes Leben« für sie bedeutet? Werden sie sich überhaupt relevant fühlen *können*? Und ihre Eltern?

> SH **Ich bin in einem Internat zur Schule gegangen, war als Kind also früh getrennt von meinen Eltern. Sie wollten mir die bestmögliche Bildung schenken, und das hat funktioniert. Heute bedauert meine Mutter, dass sie mich so früh losgelassen hat. Ich selbst finde das nicht bedauerlich. Ich bin dankbar. Denn ich habe es früh verstanden, mich sowohl zu behaupten als auch zu arrangieren. Ich habe in jungen Jahren Unabhängigkeit gelernt. Und hatte dennoch nie das Gefühl, zu wenig geliebt zu werden.** SH

Familie ist ein Lernort für das Relevanzdenken. Es ist der Ort, wo wir lernen, uns gesellschaftlich und zu anderen Menschen in Beziehung zu setzen. Über keine andere Rolle, die wir im Leben einnehmen, denken wir intensiver nach als über die Rolle, die wir in unseren Familien spielen. Für die meisten von uns ist die Familie zugleich das Sprungbrett und das Fangnetz unserer Relevanzexpedition.
Doch wenn wir diesen Ort nicht auch verlassen können, physisch wie mental, dann ersetzen wir eine Weltreise durch eine

Runde um den Block. Das sollte uns zumindest bewusst sein – als Eltern, und auch als Kinder unserer Eltern.

Lebenspoesie statt Paragrafenprosa

Der Lebensentwurf moderner Patchwork-Familien zeigt: Es gibt sehr verschiedene Möglichkeiten, dem »Familiensinn« zu folgen.

Weder Eltern noch Kinder müssen sich heute zwingend den traditionellen Rollen unterordnen, die es früher einmal in »Familien« gab. Viele Familien bleiben nicht mehr auf Gedeih und Verderb zusammen.

> CKR **Ich habe schon alle möglichen Lebensweisen ausprobiert: Monogamie, Single-Dasein, auch die Polygamie ist mir nicht ganz fremd. Vater bin ich ungeachtet dessen. Ich finde: Auch Mütter und Väter haben ein Recht auf ihre eigenen Relevanzüberlegungen. Sie haben ein Recht, sich zu trennen. Sie haben ein Recht, neue Wege einzuschlagen. Solange sie zu ihrer Verantwortung als Eltern stehen.** CKR

Bevor man neue Formen der Familie kritisiert, weil deren Auswirkungen aufs Kindeswohl nicht absehbar seien, sollte man auch die Gegenfrage stellen: Welches Kind profitiert von unglücklichen Eltern?

Relevanz ist ein Thema, das auch vor dem Allerheiligsten unserer christlich und bürokratisch geprägten Gesellschaft nicht haltmacht: der Familie. Nicht nur im Arbeitsleben, auch privat leben viele Menschen heute in räumlich und zeitlich begrenzten Allianzen. Genauso wie die Ehe ist auch die traditionelle Familie nicht mehr der einzige Gravitationspunkt von emotionaler Zugehörigkeit.

Liebe und Partnerschaft auf der einen, Familie und Kinder auf der anderen Seite – das sind heute Themen, die wir nicht mehr unreflektiert in einen Topf werfen können. Deshalb haben wir beiden Relevanzfeldern in diesem Buch getrennte Kapitel gewidmet.

Doch eines hat sich nicht verändert: das Bedürfnis nach Zugehörigkeit. Die Familie, wie wir sie kennen, ist keineswegs Geschichte. Doch das Wort »Familie« hat viele Bedeutungen hinzugewonnen. Zusammen leben, wir haben es bereits gesagt, ist kein ewiger Schwur mehr, sondern ein Ausdruck von der persönlichen Wahlfreiheit..

CKR **Wenn das Leben eine Flugreise wäre, dann wäre ich jetzt mit 50 schon auf dem Rückflug. Hin und wieder denke ich sogar schon mal daran, die Landung vorzubereiten. Zeit ist ein Relevanztrichter. Was einem Menschen wichtig ist, erkennen wir daran, wie er seine Zeit aufteilt. Und welchen Wandel die Relevanzkriterien eines Menschen durchmachen, können wir daran ablesen, wie sich seine Zeiteinteilung im Laufe des Lebens verändert.** CKR

Die einen arbeiten 40 Jahre lang, um ihre letzten zehn oder 20 Sommer ganz der Familie zu widmen. Werden sie am Ende zufrieden damit sein, wie sie ihre Lebenszeit eingeteilt haben?

Andere geben ihre Karriere auf, um sich ganz ihren Kindern zu widmen. Welche Richtung schlagen sie ein, wenn sich dieser Ausschnitt aus ihrer Lebenszeit dem Ende nähert und sie wieder auf sich selbst zurückgeworfen sind?
Wieder andere betrachten ihren Beitrag zur Familie mit einem monatlichen Scheck als geleistet. Verdient ein solcher Zahlvater oder eine solche Zahlmutter überhaupt den Rang als »Familienmitglied«, die er oder sie von Gesetzes wegen innehat?
Was ist Familie? Wir glauben nicht, dass die folgende Definition den Nagel heute noch auf den Kopf trifft:

> **Fa|mi|lie,** die; Im traditionellen Verständnis ist Familie ein Ehepaar, das zusammen mit seinen Kindern in einem Haushalt wohnt. Familie ist demnach durch fünf Merkmale bestimmt: das Vorhandensein von zwei Generationen und von zwei Ge schlechtern, die Ehe des Elternpaars, verwandtschaftliche Beziehungen zwischen den Familienmitgliedern und eine Haushalts- und Wirtschaftsgemeinschaft.

Selbst die Bundeszentrale für politische Bildung, von der diese Definition stammt, ist sich der Tatsache bewusst, dass dieses Familienbild »mit der Lebenspraxis einer wachsenden Zahl von Menschen« nicht mehr übereinstimmt. Doch die offenste mögliche Definition, die das Bürokratendeutsch dem Stand der gesellschaftlichen Diskussion zu entnehmen bereit ist, ist die einer »gelebten Solidarbeziehung«. Und fügt hinzu: »Diese Position ist in Deutschland noch wenig bedeutsam.«

Soll heißen: wenig relevant? Da sind wir ganz anderer Meinung. Die Zukunft wird heute gemacht – und zwar nicht nur in Prenzlauer Berg und im Glockenbachviertel.

Und überhaupt: Solidarbeziehung? Wir sehen ja ein, dass Beamte gezwungen sind, eine Gesellschaft und ihre Lebensrealität so weit in justiziable Einheiten zu verflachen, dass sie in die Schubladen von Aktenschränken und zwischen die Buchdeckel von Gesetzestexten passen. Doch warum muss Abhängigkeit das definierende Kriterium sein? Warum haben wir so wenig zu sagen bei der Frage, wer unsere Familie ist?

Familie ist Zugehörigkeit. Dieses Bedürfnis ist bei jedem Menschen anders ausgeprägt. Der eine braucht das engmaschige Fangnetz der traditionellen Familie. Eine andere braucht Familie nur an Weihnachten. Wieder ein anderer findet seine Familie ganz woanders als innerhalb des Genpools – bei Freunden, bei Kollegen, manchmal sogar bei Wildfremden. Und manch einer findet in jedem dieser Entwürfe einen Teil seiner Wahrheit, einen Teil seiner Zugehörigkeit – einen Teil seiner Relevanz.

Familie geht deshalb auch geschieden. Sie geht als Patchwork, biologisch, adoptiert oder polygam. Nicht Urkunden verleihen einer Gemeinschaft ihre Relevanz, sondern das Gefühl der Zugehörigkeit.

Wir finden, die gelebte Definition von Familie sieht längst so aus:

> **Fa|mi|lie,** die; Gemeinschaft einer beliebig hohen Anzahl von Menschen, die in zeitlich und räumlich nach eigenem Ermessen begrenzter oder unbegrenzter Allianz leben. Die Mitglieder einer Familie finden aus freiem Willen zusammen und können biologisch oder legal verwandt sein. Familien entstehen aus dem Bedürfnis nach Zugehörigkeit und sind durch Verantwortung aneinander gebunden.

Gemeinschaftlich leben: Freundschaft

Wer hält es mit mir aus?

Eine ungewöhnliche Freundschaft

»Ein kurzer Schnitt würde mich erleichtern.«
Der Mann, der diesen Satz sagt, sitzt im Rollstuhl vor dem Spiegel des luxuriösen Badezimmers, das Gesicht mit Rasierschaum eingeseift. Hinter ihm steht ein großer muskulöser schwarzer Mann im Kapuzenshirt. Er setzt die Klinge an den Hals des älteren weißen Mannes, beugt sich zu ihm hinunter und sagt mit einem breiten Grinsen: »Sie haben ja 'ne super Laune, da kommt Freude auf!«
Der andere, der eben mit wenig Ironie in der Stimme seinen Tod ins Spiel gebracht hat, muss schmunzeln. Doch Ersterem ist keineswegs entgangen, dass die Stimmung seines querschnittsgelähmten Arbeitgebers mal wieder besonders trübe ist an diesem Morgen. Dass er mal wieder darüber nachdenkt, seinem Dasein ein Ende zu setzen.
Und so macht Driss, der Ex-Knasti aus dem Problemviertel, das, was er in diesen Momenten immer macht: Blödsinn. Er hängt seinem Arbeitgeber Philippe ein Tuch über die Augen. Dann verpasst er ihm statt der geforderten Glattrasur zuerst einen Rockerbart samt Koteletten bis zum Kinn.
»Wie schrecklich«, kommentiert Philippe düster, und muss gleich darauf doch lächeln.

Philippes Augen werden erneut verhängt, und es folgt ein gezwirbelter Schnurrbart. »Jetzt sehe ich wie mein Großvater aus.«
Driss fängt an, ihm die Ohren zu kitzeln und eine Frauenstimme zu imitieren: »Oh Philippe, dieser Schnurrbart, er macht mich irgendwie an. Er erregt mich!« Der Gepeinigte kann sich das Lachen nicht länger verkneifen.
»So, jetzt kommt alles ab«, verkündet Driss schließlich. Als Philippe das nächste Mal in den Spiegel schaut, hat sein Pfleger ihm ein Hitler-Bärtchen verpasst. Philippe versucht, die Fassung zu wahren, doch Driss setzt noch einen drauf: Er fängt an, seinem Chef die Haare zu einem Seitenscheitel zu formen, während er sich amüsiert: »Philippe ist wütend, ganz wütend!«
»Kein Wunder«, gibt der zurück, »ich bin ja Ihr Spielzeug. Finden Sie das witzig?«
»Irgendwie schon«, erwidert Driss, »weil ich an einen querschnittsgelähmten Nazi denke.«
Darauf friert Philippes Gesicht ein. Gerade hat sein Pfleger das große Tabu gebrochen: Er hat sich tatsächlich über seine Behinderung lustig gemacht.
Und Ersterer ist noch nicht fertig damit. Jetzt hebt er Philippes gelähmte Hand auch noch zum Hitlergruß!
Philippe gibt sich alle Mühe, bestimmt zu klingen, als er sagt: »Das reicht!« Doch kurz darauf bricht er erneut in Gelächter aus.

Ziemlich beste Freunde erzählt die Geschichte einer unwahrscheinlichen Freundschaft – und beruht auf einer wahren Begebenheit. Den Aristokraten und Erben einer Champagner-Dynastie gibt es wirklich. Den Pfleger, eigentlich Algerier, gibt es auch. Und auch ihre Freundschaft, die auf dem Papier so gar keinen Sinn zu ergeben scheint.

In einer anderen Szene des Films hatte ein Vertrauter Philippe gewarnt, den jungen Schwarzen in sein Leben zu lassen: »Diese Jungs aus der Vorstadt kennen kein Mitleid.«

»Das ist genau das, was ich will«, hatte Philippe erwidert. »Kein Mitleid.«

Das bekommt Philippe von Driss tatsächlich nicht. Der Ex-Knacki aus der untersten sozialen Schicht tut vom ersten Tag an, was nur ein wahrer Freund sich erlauben würde: Sein Humor macht keinen Halt vor Philippes Behinderung. Er behandelt ihn als Gleichen, als Mann und als Saufkumpan. Die Grenzen von »Political Correctness« und Manieren, die andere vor Philippes Reichtum, Einfluss und Übellaunigkeit zurückschrecken lassen, scheren ihn nicht. Von morgens bis abends tut er sein Möglichstes, um den griesgrämigen Adeligen aufzuheitern, und scheut vor keinem Unsinn zurück. Beim Gleitschirmfliegen überwindet er seine Höhenangst, lässt sich von der Polizei des Autodiebstahls bezichtigen und scheut keine Mühen, um Philippes tiefste Sehnsüchte zu erfüllen. Wie nur ein wahrer Freund es tun würde. In der Schlussszene des Films bringt er ihn sogar noch unter die Haube.

Am Ende sind sie es tatsächlich: Der schwerstbehinderte Aristokrat und der vorbestrafte Schwarze sind »ziemlich beste Freunde« geworden. Wie Philippe Pozzo di Borgo und sein Pfleger Abdel Sellou, deren Freundschaft die Vorlage für ein Buch und die Verfilmung lieferte.

Was macht eine Freundschaft wirklich aus? Sind es die Gemeinsamkeiten oder die Unterschiede, die zwei Menschen freundschaftlich verbinden? Was ist der Wert dieser besonderen Beziehung, für die es keine Urkunde vom Staat gibt? Warum können Freundschaften Grenzen überwinden, an denen selbst die Liebe

oft scheitert? Warum halten es viele Freunde länger miteinander aus als Eheleute?
Welche Relevanz hat Freundschaft in unserem Leben?

Gefunden, nicht gesucht

Auch unsere Freundschaft ist keine Selbstverständlichkeit. Dass wir uns oft blind verstehen und in so vielen Dingen der gleichen Meinung sind, wundert uns heute noch manchmal. Ausgerechnet beim Thema Freundschaft sind unsere Sichtweisen nämlich nicht immer deckungsgleich. Männer und Frauen haben oft unterschiedliche Vorstellungen von der Rolle ihrer Freunde, heißt es. Doch tatsächlich sehen wir so einige Parallelen zwischen Philippe und Driss und uns beiden. Für ihre Freundschaft gibt es keine offensichtliche Motivation. Sie stammen nicht aus der gleichen Schicht - in Frankreich, wo der Film spielt, ein großes soziales Thema. Die beiden stammen aus völlig unterschiedlichen Welten. Philippes Liebe für Kunst und klassische Musik ist Driss ein Rätsel. Wenn man ihnen zuhört, bekommt man den Eindruck, sie sprechen nicht einmal wirklich dieselbe Sprache. Philippe brauchte Driss nicht - er hätte jeden anderen einstellen können. Und auch der Rebell Driss denkt gar nicht daran, sich für den Job als Pfleger anzubiedern.
Gerade das, die etablierte Unabhängigkeit zwischen ihnen, sorgt für die Verbindung: Da ist kein Zwang, keine Notwendigkeit. Dafür aber: Neugier auf die Unterschiede und Lust auf die andere Perspektive im Leben. Das Korrektiv des »Anderen« übt einen Sog aus.
Auch wir sind, jeder für sich genommen, sehr unabhängig. Als wir uns begegneten, hatten wir beide schon genug Freunde und

keinerlei Mangel an sozialen Bindungen. Freunde wurden wir dennoch. Genauso, wie wir ein gemeinsames Unternehmen gründeten, obwohl wir beide schon selbstständig waren. Genauso, wie wir jetzt ein Buch miteinander schreiben, obwohl jeder für sich schon Bücher geschrieben hat.

Unsere Freundschaft war keine Frage des Bedarfs, eines Mangels, einer sozialen Positionierung, einer Konvention oder einer Nutzenerwägung. Sondern das Ergebnis einer Neugier auf das andere im anderen, einer seelischen Verbindung und gemeinsamer Ziele. Freunde wurden wir entgegen - oder wegen - aller Unterschiede: Mann und Frau. Mit Kind, ohne Kind. Nicht zu vergessen: Deutscher und Österreicherin.

Unsere Freundschaft mag nicht statistisch signifikant sein. Doch wir glauben, dass sie einen gemeinsamen Nenner mit allen anderen tiefen Freundschaften hat: Freunde sucht man nicht - man findet sie. Und der Schnittpunkt zweier Leben, an dem das passiert, hat etwas mit Relevanz zu tun. Das ist es, was uns an diesem Thema fasziniert und was die Rolle der Freundschaft in der Welt ausmacht, in der wir heute leben.

Darin sind wir uns einig. Weniger einig sind wir uns in der Frage, was genau das eigentlich ist: ein Freund oder eine Freundin.

Lippenstift und Leichen: Warum Freundschaft so wichtig ist

David und Jonathan in der Bibel, Goethe und Schiller, Sigmund Freud und Carl Gustav Jung, Marilyn Monroe und Ella Fitzgerald, Winnetou und Old Shatterhand, Rosa Luxemburg und Clara Zetkin, Thelma und Louise, Ernie und Bert ... Freundschaften haben schon immer Geschichte geschrieben. Und Geschichten. Viele berühmte Freundschaften haben mehr Aufsehen erregt als die Partnerschaften bekannter Menschen. Und viele haben auch deutlich länger gehalten.

Heute gilt Freundschaft vielen Menschen als die wichtigste Beziehungsform im Leben. Partner und Jobs wechseln häufig, eine eigene Familie ist nicht mehr selbstverständlich, und in der Kirche suchen immer weniger Menschen die Gemeinschaft. Für viele Menschen sind ihre Freunde die Einzigen, die sie über einen langen Zeitraum hinweg durch ihr Leben begleiten. Die Einzigen, die wissen, wer sie tief im Innersten wirklich sind.

Freundschaft ist für einen wachsenden Teil der Bevölkerung die wichtigste soziale Säule im Leben – für manche wichtiger als die Familie.

Die Wissenschaft hat Belege dafür gefunden, warum das so ist: Soziale Beziehungen machen uns widerstandsfähiger, und zwar mental und körperlich. Medizinische Studien haben sogar gezeigt, dass Schwerkranke mit guten sozialen Beziehungen höhere Überlebenschancen haben als einsame Kranke. Auch die Soziologie hat ein gutes Argument für die wachsende Bedeutung der Freundschaft parat: Sie könnte die soziale Rettung einer alternden Gesellschaft sein, in der Familie und Sozialstaat zunehmend an Bedeutung verlieren.

Das alles erklärt, warum die Freundschaft einen so hohen Stellenwert hat. Offen bleiben die Fragen, was Freundschaft eigentlich ist und wie sie entsteht. Wir finden: Sie ist viel mehr als ein Ersatz für andere soziale Beziehungen. Freundschaften spielen eine ganz eigene Rolle in unserem Leben, die niemand sonst ausfüllen kann. Und die haben erheblichen Einfluss auf unsere Lebensgestaltung.

CKR Freunde sind die Menschen, deren Rat wir ohne Einschränkung anhören können, weil sie ihn ohne Nutzenerwägung aussprechen. CKR

Freunde sind also Ratgeber. Und dafür besser geeignet als andere Menschen in unserem Umfeld, die uns Orientierung und Feedback anbieten. Das hat gleich mehrere Gründe.

Freunde wissen oft ganz von allein, wenn es mal eng wird und wir ihren Beistand brauchen. Sie sind verlässlich für uns da – auch und gerade, wenn es in der Familie kriselt. Sie antizipieren unsere Stimmungen und sehen voraus, welche Konsequenzen ein Ereignis in unserem Leben haben wird, weil sie uns gut genug kennen. Sie sind nicht verwickelt, wenn es zu Problemen mit den anderen signifikanten Menschen in unserem Leben kommt: dem Partner, den Eltern, den Kindern, dem Chef. Freunde sind sozusagen die Schweiz unter den sozialen Beziehungen: eine felsenfeste, neutrale Instanz, die unsere Probleme aushalten und mit der nötigen emotionalen Distanz betrachten kann. Eine sichere Bank.

Niemand außer einer echten Freundin oder einem echten Freund blendet die Konsequenzen für sich selbst aus und achtet nur auf unser Wohlergehen. Um Rat in einer Karriereentscheidung gefragt, wird die Partnerin oder der Partner immer die Konsequenzen für sich selbst mitdenken – verständlicherweise. Kollegen achten bei einer Managemententscheidung auch darauf, wo sie selbst bleiben, und Eltern betrachten die Lebensentscheidungen ihrer Kinder durch die Brille des Beschützers: Sie wollen, dass ihr Kind das Leben führt, das sie sich für sie oder ihn wünschen.

Freunde machen ihren Rat nicht davon abhängig, was für sie selbst das Beste wäre. Ein wahrer Freund schließt auch nicht von sich auf uns. Freunde können sich ohne Irritationen voneinander abgrenzen, denn sie sind frei von der emotionalen Verwicklung einer Liebesbeziehung oder familiärer Bande. Freundschaften sind selbst gewählte Bündnisse, in denen es keine existenziellen oder moralischen Abhängigkeiten gibt. Deshalb haben unsere Freunde eine hohe Einflusskraft – zum Verdruss manches Ehepartners.

> **Ein Freund ist ein Mensch, von dem ich weiß, dass er morgens um drei nicht auflegt, wenn ich ihn anrufe, weil ich ihn brauche.**

Das ist eine weibliche Antwort auf die Frage, was eine Freundin oder ein Freund ist, jedenfalls behaupten die Freundschaftsforscher das. Frauen, so die wissenschaftliche Meinung, erwarten mehr Intimität und entwickeln ein engeres Vertrauensverhältnis als Männer. Typisch weiblich seien daher sogenannte »Face-to-Face-Freundschaften«, bei denen es vor allem um emotionale Unterstützung geht. Zuhören, mitleiden, Tränen trocknen. Gern auch umarmen und den Lippenstift teilen.

Fragen Sie mal einen männlichen Freund, ob Sie seinen Lippenpflegestift benutzen dürfen. Oder ob er sie in den Arm nimmt, wenn Ihr Date Sie hat sitzen lassen ...

Männer, behaupten die Forscher, pflegen eher »Side-by-Side-Freundschaften«. Das heißt: Action. Sie treiben gemeinsam Sport, lassen gemeinsam die Sau raus und unterstützen sich gegenseitig in praktischen Dingen: Reifenwechsel, Mitgliedschaft im Sportklub, Leichen vergraben.

Die US-amerikanische Soziologin Diane Felmlee schloss aus einer Studie unter Studierenden, dass Frauen mehr Zeit ihrer Freunde oder Freundinnen in Anspruch nehmen und mehr Aufmerksamkeit verlangen, weil sie höhere Erwartungen an die emotionale Nähe in einer Freundschaft haben. Männern dagegen sei es wichtiger, mit Freunden scherzen und sich gegenseitig auf den Arm nehmen zu können. Dem anderen ein Hitler-Bärtchen auf die Oberlippe zaubern, obwohl er sich nicht wehren kann, zum Beispiel.

In der Suche vereint: Die Rolle der Freundschaft

Doch ist die Unterscheidung zwischen Männer- und Frauenfreundschaften heute wirklich noch so einfach? Und ist sie überhaupt noch sinnvoll, wenn wir bedenken, dass Männer und Frauen genauso gut miteinander befreundet sein können?

> [CKR] **Warum soll ich meine Freunde nicht umarmen können? Ich sehe nicht, was daran unmännlich sein soll.** [CKR]

> [SH] **Echte Freundschaft braucht keine Investition. Eine Freundin, die sich als Erstes beschwert, dass ich mich zu selten melde, ist keine richtige Freundin. Ich bin in meinem Freundeskreis in den meisten Fällen sogar der terminliche Flaschenhals bei unseren Verabredungen. Das ändert nichts daran, dass meine Freundschaften mir enorm wichtig sind.** [SH]

Wenn sich die Rolle von Freundschaften im Leben der Menschen so stark verändert hat, wie es wieder andere Wissenschaftler aus ihren Statistiken ablesen: Wäre es dann nicht naheliegend, dass sich auch die Qualität von Freundschaften verändert hat? Wir beide zum Beispiel führen gemeinsam ein Unternehmen, halten zusammen Vorträge und beraten zu zweit und mit unserem Team andere Unternehmen. Gehen gemeinsam zu Business-Essen und auf Messen, treffen Geschäftspartner zusammen, entwerfen Strategien für die Zukunft. Wir schreiben zusammen Bücher wie dieses hier.

Alles Dinge, die normalerweise Kollegen miteinander tun.

Wir machen aber auch zusammen Urlaub. Wir unternehmen gemeinsam Wochenendtrips und probieren neue Restaurants aus. Wir checken zusammen in Hotels ein und treffen gemeinsame Freunde oder unsere Familienmitglieder.

Alles Dinge, die normalerweise Paare miteinander tun.

Wir machen auch Sport miteinander, reden bis in die Nacht bei einer Flasche Wein, geigen einander die Meinung, beraten uns in Lebensfragen. Wir nehmen uns gegenseitig auf den Arm und geben aufeinander acht.

Alles Dinge, die normalerweise Freunde miteinander tun.

Und all die anderen Dinge etwa nicht?

»Unsere Freundschaften«, formuliert es eine Autorin, »sind ein Spiegel unserer selbst.« Nicht im wörtlichen Sinne allerdings, denn die Ähnlichkeit spielt für eine Freundschaft gar keine so große Rolle. Der Psychologe Mitja Back fand heraus, dass schon anhaltende physische Nähe oft ausreicht, um eine Freundschaft entstehen zu lassen. Jaap Denissen von der Humboldt-Universität zu Berlin stellte außerdem fest, dass eine Freundschaft relativ unabhängig von tatsächlichen Ähnlichkeiten ist – vielmehr finden wir unsere Freunde über wahrgenommene Parallelen im Verhalten. Nehmen wir jemanden als ähnlich extrovertiert, ähnlich gewissenhaft, ähnlich ängstlich wahr, freunden wir uns eher

mit ihr oder ihm an. Ob die anfängliche Beobachtung sich später als wahr entpuppt, ist dabei weitgehend egal. Wenn wir von uns ausgehen, von den Menschen in unserem Umfeld und von legendären Freundschaften wie der zwischen Philippe und seinem Pfleger Driss respektive Abdel, dann scheint uns: Ein Spiegel unserer Persönlichkeit sind Freundschaften eher in dem Sinne, dass sie zeigen, wo wir in unserer eigenen Relevanzexpedition stehen.
Dafür spricht unsere Geschichte: Wir hatten beide bereits unternehmerische Erfahrungen gemacht und waren ähnlich hungrig auf den nächsten Schritt. Und dafür sprechen die Geschichten anderer Freundschaften: Philippe und Driss waren beide auf ihre Art vom Schicksal gebeutelt und sehnten sich beide nach einem erfüllteren Leben. Marilyn Monroe und Ella Fitzgerald hatten beide das Menschen- und Frauenbild ihrer Generation verändert, mussten beide mit plötzlichem Ruhm umgehen und wurden beide politisch instrumentalisiert. Die Latte-macchiato-Mütter sind mit anderen Latte-macchiato-Müttern befreundet, Promis eher mit Promis, Reiche eher mit Reichen. Nicht weil sie sich ähnlich wären – sondern weil sie in ähnlicher Weise Veränderungen unterworfen sind. Sie stehen vor der Herausforderung, sich weiterzuentwickeln, in einer neuen Lebenssituation anzukommen, große Schritte zu bewältigen. Sie alle sind Suchende, von Neugier und Spannung und auch von einer Unsicherheit geprägt, die Veränderung mit sich bringt.
Einander auf dem nächsten Schritt in der Relevanzexpedition zu begleiten – vielleicht ein Leben lang, vielleicht nur für einige Zeit, bis die Lebensentwürfe zu weit auseinanderdriften: Möglicherweise ist das die Rolle, die Freundschaften in unserem Leben erfüllen. Dabei können Unterschiede in der Persönlichkeit eher hilfreich sein als hinderlich.

CKR **In einer Freundschaft muss die Schnittmenge nicht so groß sein wie bei einer Partnerbeziehung. Freunde müssen nicht überall übereinstimmen. Eine große Schnittmenge in einem wichtigen Feld reicht schon, um zueinander einen Draht zu finden.** CKR

Freunde sind Menschen, die sich finden, nicht suchen. Doch vielleicht finden wir uns, weil unsere Relevanzexpeditionen sich an einem bestimmten Punkt überschneiden. Weil wir auf ähnliche Weise Suchende im Leben sind.

Und »wir«, im Sinne der Gesellschaft, haben uns zweifellos auch als Ganzes verändert. Schon immer gab es unterschiedliche Formen der Freundschaft: Schulfreunde, Kollegenfreunde, Freunde fürs Leben, WG-Freunde, Brieffreunde, Sportfreunde, Reisefreunde. Doch heute nehmen Freunde auch Rollen ein, die unsere Eltern ihnen sicher noch nicht zugeschrieben hätten. Nicht weil diese irgendwie konservativer gewesen wären oder weniger Wert auf Beziehungen außerhalb der Familie gelegt hätten, obwohl auch das zutreffen mag. Sondern weil wir heute viel mehr und ganz andere Möglichkeiten haben, Menschen zu begegnen – und Freunde zu finden. Und weil sich unsere Möglichkeiten der Lebensgestaltung in vielerlei Hinsicht auf eine Weise entwickelt haben, von der unsere Eltern nicht zu träumen gewagt hätten.

Nest: Die etwas andere Hausgemeinschaft

Direkt gegenüber dem Kopenhagener Hauptbahnhof erhebt sich ein Wohngebäude, das auf den ersten Blick aussieht wie eine dieser typischen schicken Altbauten in zentraler Lage. Jene Häuser, in denen entweder die Gentrifizierung brummt oder innovative Unternehmen ihre Bürozelte aufschlagen, um von der zentralen Lage zu zehren.

In diesem Gebäude stimmt beides … nicht. Zwar leben hier typische Gentrifizierungstreiber: junge Entrepreneure. Zwar wird hier gearbeitet – auch. Aber dieses Haus ist weder nur ein Wohn- noch nur ein Bürogebäude. Jedenfalls nicht im eigentlichen Sinne. Das zeigt auch die Raumaufteilung im Inneren: Es gibt vier Apartments, doch keines davon sieht aus, als ob es irgendjemandem im konventionellen Sinne ein Zuhause wäre. Die schicken, hellen Räume im skandinavischen Stil sind mit Secondhand- oder selbst gebauten Möbeln ausgestattet – obwohl Lage und Mietpreis gezielt die Möglichkeit ausschließen, dass hier Studenten einziehen und Party machen. In manchen stehen Betten, in anderen nicht. Überall Technik, aber auch viel leerer Raum zum Bewegen. Nichts ist hier Schlaf-, Wohn- oder Arbeitszimmer, alles scheint ineinander überzugehen.

Das liegt daran, dass die Apartments nicht als getrennte Einheiten zu verstehen sind, sondern als ein großer kommunaler Wohnraum. Jeder Bewohner hat die Schlüssel zu allen Wohnungen. Die Räume haben keine festgelegten Funktionen, außer dass jeder in einem davon irgendwo sein Bett stehen hat. Das Haus ist eine große WG. Aber nicht im klassischen Sinne und vor allem viel mehr als das. Es ist ein Lebensort, den es so noch nirgends sonst auf der Welt gibt, und ein Vorreiter einer Bewegung.

Reventlowsgade 10 in Kopenhagen ist die Adresse von Nest Copenhagen, dem weltgrößten Co-Living-Projekt für Entrepreneure. Nicht: Co-Working. Darauf legen die Gründer Wert. Hier wohnen 21 junge Menschen aus ganz Europa zusammen. Hier entwickeln sie auch ihre Geschäftsideen; programmieren, pflegen Apps, expandieren in neue Märkte, peilen neue Zielgruppen an, designen ihre Corporate Identities. Aber das ist nicht der Grund, warum sie in diesem Haus leben. Viele von ihnen arbeiten sogar anderswo oder an wechselnden Orten.

Sie sind durch die Bank Digital Natives in den 20ern oder 30ern ihres Lebens. Und sie alle haben gemeinsam, dass ihnen das ausschließlich digitale Beisammensein, das für ihre soziale Gruppe so typisch sein soll, bei Weitem nicht ausreicht.

Bei Nest Copenhagen geht es nicht um die Arbeit, sondern um das Leben eines Entrepreneurs. Oder vielmehr: das Zusammenleben vieler Entrepreneure. »Die Menschen im Nest sind enge Freunde und Mitbewohner«, verrät die Website dem irritierten Freelancer auf der Suche nach einem Co-Working-Schreibtisch in Kopenhagen. »Wir trinken Rotwein, essen zusammen, schauen uns Filme an und reden über alles vom Geschäft über das Leben bis hin zu Beziehungen. Der Unterschied [zu einer herkömmlichen WG] ist, dass deine Mitbewohner großartige Innovatoren sind, die genauso wie du die Welt verändern.«

Mit anderen Worten: Menschen, die auf ihrer Relevanzexpedition gerade am selben Punkt stehen wie du – und dieselben Bedürfnisse an Gemeinschaft haben wie du.

Die Arbeit ist alles andere als verbannt aus diesen Räumen, aber es gibt eine Übereinkunft, dass sogar Entrepreneure so etwas wie ein Leben außerhalb ihrer Arbeit haben. Einer der Gründer beschreibt die Idee hinter Nest so: »Es ist der soziale Teil von

Entrepreneurship; ein Ort, wo Menschen dein Leben verstehen, warum du tust, was du tust und was du brauchst. Im Kern geht es darum, das Dasein als Entrepreneur zu teilen.«

Nest Copenhagen wurde geschaffen, um Entrepreneuren eine Heimat zu geben, wo sie »ein erfülltes und glückliches Leben« führen können. Gemeinsam mit anderen High Potentials mit komplexen Lebensentwürfen und vielen offenen Fragen.

Co-Living im Sinne von Nest ist nichts weniger als ein Entwurf sozialer Zukunft. Hier kommen Menschen zusammen, die nicht allein sein wollen auf ihrer aufregenden Lebensreise. Mit Freunden, die ihre Vorstellungen vom Leben nachvollziehen können oder sogar teilen. Nicht einfach ihre Arbeit, ihr Wissen, ihr Netzwerk – das alles schwingt organisch mit. Es geht darum, gemeinschaftlich zu leben, nicht mehr und nicht weniger.

Übrigens: Nicht alle im Nest sind Singles. Aber niemand hat vor, bald auszuziehen – der Pachtvertrag wurde auf zehn Jahre geschlossen.

Co–Living oder: Die neue Rolle der Freundschaft

Das Co-Working war die Antwort auf den Trend des vernetzten Arbeitens und die gleichzeitig stattfindende Vereinsamung der Wissensarbeiter und Kreativen. Das Co-Living ist die Antwort auf eine weitere Entwicklung, die aus dem Trend zum Outsourcing, der Digitalisierung, dem damit einhergehenden Gründerboom und wieder: der Vereinsamung hervorging. Bei den Digital Natives sind die Möglichkeit und die Fähigkeit, immer und überall mit nichts als einem digitalen Device zu arbeiten, integraler Bestandteil ihres Lebensentwurfs. Mit der Vernetzung und der Verschiebung vieler Tätigkeitsfelder ins Mobile schwappte die

Arbeit zunehmend ins Private über, und das Private ganz natürlich in die Arbeit.
Warum soll ein Programmierer, Webdesigner oder Content Editor, der nichts als ein Notebook oder ein Tablet zum Arbeiten braucht, morgens in ein Büro fahren, nur weil dort die Firmenanschrift ist, eine vorgegebene Stundenzahl abarbeiten und abends wieder den Ort wechseln? Und gleichzeitig: Warum soll er bei der Arbeit und in seiner unregelmäßig verteilten Freizeit vereinsamen, wenn er sich genauso gut an einem Ort mit Menschen aufhalten kann, die sich an einem ähnlichen Punkt in ihrer Relevanzexpedition befinden? Menschen mit ähnlichen Prioritäten in ihrer Lebensgestaltung, die gleichermaßen als berufliches Netzwerk infrage kommen wie als privater Lebensratgeber und menschliches Korrektiv?
Mit den Antworten der Digital Natives auf diese Fragen einher geht die Auflösung des »nine to five«. Co-Living ist auch eine Antwort auf den jahrelangen Trend zur Betonung der Work-Life-Balance. Diese sucht, das eine vom anderen zu trennen und zwei scheinbar konträre Aspekte der Lebensgestaltung in Balance zu bringen. Für Menschen wie die Bewohner von Nest, für viele Menschen in der neuen Arbeitswelt greift diese Formel zu kurz.

SH Die Digital Natives, insbesondere die neuen Wissens- und Kreativarbeiter, balancieren nicht, sie integrieren. Dieses Verhalten fällt mir bei unseren jungen Mitarbeitern jeden Tag auf. SH

Es scheint nur naheliegend, dass diese Menschen einander ein Stück ihres Weges begleiten. Wo Arbeit und Privates untrennbar ineinanderfließen, wird auch die Trennung von Arbeits- und

Privatbeziehungen überflüssig: Kollegen werden zu Freunden, Freunde werden zu Kollegen – ohne dass sich überhaupt noch die Frage stellt, ob jemand das eine oder das andere ist. Entscheidend ist, dass Menschen zueinanderfinden, die einander verstehen und begleiten können. Wie bei Nest: der »soziale Teil von Entrepreneurship«.

Ist es nicht nur logisch, dass diese Menschen Freunde werden? Und umso logischer, dass sie gemeinschaftlich oder sogar zusammen leben?

Das Co-Living ist ein Update des Freundschaftsbegriffs für die Arbeits- und Lebenswelt der Digital Natives. Der Trend der Verschmelzung sozialer Rollen geht allerdings weit über das Co-Living hinaus. Nest Copenhagen ist letztlich nur ein sehr scharf gezeichnetes Beispiel dafür, wie sich die Rolle der Freundschaft in unserem Leben durch neue Relevanzbewegungen verändert.

Auch wir beide sind, mit unseren 50 Jahren auf dem Buckel, ein weiteres Beispiel für diesen Trend. Auch unsere Freundschaft hört nicht bei der herkömmlichen Definition des Begriffs auf. Auch wir teilen unterschiedliche Lebensbereiche miteinander – als Co-Unternehmer, Kollegen und Lebensbegleiter. Man muss nicht unter 30 sein oder ein Digital Native, um festzustellen:

> CKR **Ich habe keine Lust, über eine Work-Life-Balance nachzudenken. Wenn ich abends im Restaurant mal schnell meine Mails checke, ist das dann schon Arbeitszeit? Solche Erwägungen sind mir zu anstrengend. Die Lebensgestaltung rechtfertigt heute keine scharfkantige Trennung zwischen Lebensbereichen mehr, die im gelebten Alltag längst miteinander verflochten sind.** CKR

Genauso wie die Relevanzkriterien, die das eigene Leben vorantreiben: Niemand hört auf, Entrepreneur zu sein, wenn er das Notebook runterfährt. Niemand hört auf, Mensch zu sein, wenn er es hochfährt. Aber: Niemand hat Lust, sich in der einen Sphäre erklären zu müssen, während er sich in der anderen aufhält. Und niemand muss sich mehr an feste Zeiten oder Orte halten, um das eine oder das andere zu sein.
Auch Relevanz will nicht balancieren, sondern integrieren.
Relevanz ist ein ganzheitliches Thema, weil die Lebensgestaltung, die persönliche Entwicklung und die Erfüllung ganzheitliche Themen sind. Da unsere Relevanzexpedition all diese Aspekte umfasst, umfasst auch unser Bedarf nach Gemeinschaft all diese Felder. Und das ist ein Bedarf, den die Freundschaft als einzige soziale Beziehung ganzheitlich abdecken kann.

Freundschaft: Eine Rolle jenseits des Rollenspiels

In diesem Punkt scheinen die Forscher recht zu behalten: Freundschaft gewinnt als soziale Rolle zusehends an Relevanz. Offenbar vermag sie die Relevanz anderer Rollen in sich aufzunehmen wie ein Schwamm.
Freunde können heute alles Mögliche sein: Mitbewohner, Kollegen, Mitunternehmer oder alles auf einmal. Sie entstehen aus Schnittmengen, die sich aus der Lebensgestaltung ergeben. Oder vielmehr: daraus, wonach wir im Leben gerade suchen, wo wir hinwollen, mit welchen Herausforderungen wir konfrontiert sind. Freundschaft ist da, wo sich die Relevanzbewegung von Menschen überschneidet. Freunde suchen sich nicht; sie finden sich als Suchende.

Deshalb, so scheint es uns, sind Freundschaften nicht so sehr ein Spiegel unserer selbst als vielmehr ein Spiegel unserer Gesellschaft. An ihnen lässt sich ablesen, wie sich die Welt verändert - und wie wir unsere Lebensgestaltung an diese Veränderungen anpassen.

So manche Rolle, die früher von anderen sozialen Beziehungen abgedeckt wurde, fällt heute den Freundschaften zu. Und so manche Freundschaften, die wir pflegen, sehen auf den ersten Blick vielleicht nach etwas anderem aus. Freunde übernehmen heute soziale Verantwortung füreinander wie noch nie zuvor. Sie teilen ihre Lebensentwürfe oder schreiben gleich den Entwurf gemeinsam.

Daraus ergibt sich, welche Rolle unsere Freunde in unserem Leben, auf unserer Suche, auf unserer Expedition spielen: Freunde sind unsere zuverlässigsten Relevanzbeobachter und -begleiter - sie wissen, woher wir kommen; können fühlen, wo wir stehen; verstehen, wohin wir wollen.

Das war zwar schon immer so, aber es war noch nie so relevant wie heute. Weil wir uns heute viel mehr und ganz neue Fragen stellen, weil wir bewusster auf der Suche sind. Und wir sind auf der Suche, weil das Leben kein Spiel mit festen Regeln mehr ist. Wir geben uns nicht mehr damit zufrieden, in eine vorgegebene Rolle zu schlüpfen. Wir schreiben unser Skript fort, anstatt uns ans Drehbuch zu halten. Wir entwickeln unsere Rollen, wachsen aus ihnen heraus, haben jeder mehr als eine, reiben uns an ihren Schnittpunkten.

Mit dieser Dynamik verändern sich auch unsere Ansprüche an Beziehungen. Denn Relevanzarbeit ist Beziehungsarbeit, und Beziehungsarbeit ist Relevanzarbeit. Auf Dauer aushalten können das oft nur unsere wahren Freunde.

Doch woran erkennen wir sie, die Freunde, die das aushalten können? Wer sind die Menschen, mit denen wir gemeinschaftlich – nicht zwingend zusammen – leben können? Welche Freunde sind relevant für unser Leben?

Freundschaft ist, wenn …

… wir uns finden, obwohl wir uns nicht gesucht haben.
… wir uns dieselben Fragen stellen.
… wir uns freuen, wenn der andere nicht die gleichen Antworten findet.
… wir den anderen für sein Anderssein schätzen.
… wir nicht voneinander abhängig sind und uns trotzdem beeinflussen.
… sie nicht fragen muss, warum du weinst.
… er nicht fragen muss, ob Lachen erlaubt ist.
… wir es aushalten können, wenn der andere etwas besser kann.
… wir Kritik ohne Schmerzen aushalten.
… wir die Political Correctness außen vor lassen können.
… jemand 3000 »Freunde« bei Facebook hat, aber dich anruft.
… wir uns lieber körperlich anstupsen als virtuell.
… die schiere Präsenz des anderen das Selbstbewusstsein stärkt.
… wir voneinander profitieren, ohne zu investieren.
… Lügen zwecklos ist.
… uns soziale Unterschiede egal sind.
… es egal ist, wie viel Zeit vergangen ist.
… wir nicht erklären müssen, warum wir so sind, wie wir sind.
… es keine Rolle spielt, ob es Arbeit ist oder privat.
… Deutsche und Österreicher es miteinander aushalten.
… es egal ist, wonach es aussieht.

Beseelt leben: Spiritualität

Woran kann ich glauben?

Kirche ohne Gott

Der große Saal des Kulturhauses 73 im Hamburger Schanzenviertel platzt aus allen Nähten. Die Location liegt in einem Brennpunkt der Gentrifizierung. Der große Raum zeugt davon: Überall leger gekleidete Eltern mit Hochqualifizierten-Aura und ihrem lebhaften Nachwuchs. Einige der Kinder scheren sich nicht darum, dass ein Gitarrenduo gerade »Wonderwall« von Oasis intoniert, und beziehen die Bühne in ihr Spiel mit ein. Ihre Eltern singen derweil aus voller Kehle mit. Und all die anderen, vom Kleinkind bis zum Rentner, sofern sie der englischen Sprache mächtig sind. Ein Mann trägt ein T-Shirt mit dem Aufdruck »Gut ohne Gott«.

Es könnte das Motto dieser Veranstaltung sein. Offiziell lautet das jedoch: »Live better. Help often. Wonder more«. Das würde eigentlich auch als Slogan für den Kirchentag durchgehen. Die Nähe des Nutzenversprechens zu kirchlichen Veranstaltungen ist vermutlich kein Zufall. Denn die »Sunday Assembly«, so der Name dieser Veranstaltung, ist ein »Gottesdienst für Gottlose«. Ein Mekka für Atheisten, eine Glaubensgemeinschaft ohne Glauben. Jedenfalls ohne den institutionalisierten Segen einer offiziellen Kirche. Für Menschen, die vielleicht nicht an Gott glauben, jedenfalls nicht an den der großen

Kirchen – aber dennoch dem Prinzip Glauben nicht prinzipiell abgeneigt sind.
Jeder, der hierher gefunden hat, wird von irgendeiner Form der spirituellen Neugier getrieben. Welcher Art auch immer. Sicher kann man sich seiner Sache per Definition schließlich in keiner Glaubensfrage sein. Spätestens bei einer heftigen Turbulenz oder einem kräftigen Durchsacken im Flieger wird auch der hartnäckigste Atheist mal kurz zum Gläubigen. Von einer gewissen Unsicherheit zeugt an diesem Sonntag in der Kirche ohne Gott auch die Anwesenheit einiger Mitglieder der großen Kirchen, die es ebenfalls hierher gezogen hat. Konkurrenzbeobachtung? Wer weiß.
Die Veranstalter schauen sich verwundert um – sie hatten mit weniger Andrang gerechnet. Vielleicht haben sie ihre Zielgruppe unterschätzt. Wie sich herausstellt, trifft das Erfolgsmodell aus Großbritannien, das sie heute zum ersten Mal in Deutschland anbieten, auch hierzulande einen Nerv.
Die Idee für die »Sunday Assembly« hatten 2013 die beiden britischen Stand-up-Comedians Pippa Evans und Sanderson Jones. Ob den Anwesenden in Hamburg diese Ironie bewusst ist? Bei den ersten Veranstaltungen rannten die Interessierten den Komikern die Tür ein. Noch im selben Jahr folgten Ableger in den USA, Kanada und Australien. Brüssel, Paris und Budapest folgten, inzwischen gibt es die Sunday Assembly in über 30 weiteren Städten weltweit.
Die Organisatoren wollten nach eigener Aussage die sonntägliche Versammlung zurückholen, die zusammen mit den großen Kirchen aus der Mode gekommen war. Weil viele Menschen zwar keinen Gott für sich brauchen, wohl aber das Gefühl, Teil einer Gemeinde zu sein. »Dafür können wir mit Sunday Assembly genau den Raum schaffen, aus dem dann auch andere Dinge erwachsen können«, erklärt eine der Mitinitiatoren der Presse etwas nebulös.

»Wir wollen zusammen das Leben feiern und unsere Begeisterung dafür teilen«, erklärt ein weiterer Initiator die Idee. Die offensichtlich funktioniert. Trotz eines reichlich lose zusammengewürfelten Rahmenprogramms ohne konkretes Ziel und ohne roten Faden.
Denn einem Gottesdienst mit Gesang, Predigt und Rat in Lebensfragen ähnelt die Veranstaltung trotz aller Gottesferne doch am meisten. Was die Menschen, die hierherkommen, offensichtlich wollen, ist ein Gottesdienst ohne Gott, eine Kirche ohne Papst, Spiritualität ohne Autorität. Wenn dieses »Programm ex negativo« als Nutzenversprechen ausreicht, dann muss die Relevanz dessen groß sein, wofür einmal allein die Glaubensgemeinschaften zuständig waren.
Die Frage ist nur: Was ist das?

Was erhoffen wir uns vom Glauben? Was reizt uns an der Spiritualität? Warum gehen Menschen weltweit sogar in eine Kirche, die gar keine mehr ist? Welche Rolle spielt der Glaube an etwas – an irgendetwas – in unserem Leben?
Die Positionierung der Sunday Assembly gibt darüber einigen Aufschluss: Sie legt den Schluss nahe, dass es dabei gar nicht um Spiritualität geht, nicht um Glaube und nicht um eine Lehre, sondern schlicht und ergreifend um einen Anlaufpunkt für die wohlstandsverwahrloste Mittelschicht, die für nichts und niemanden mehr Zeit hat. Einen Ort, wo man wieder anderen Menschen begegnen kann und für dieses Ansinnen keine produktivitätsstiftende Ausrede braucht.
Wenn da nicht die Tatsache wäre, dass sogar bei dieser ganz offiziell »gottlosen« Veranstaltung Menschen anzutreffen sind, die trotzdem – oder: auch – einer Glaubensgemeinschaft jedweder Art angehören. Auch wenn es offiziell das »Leben« ist, das hier gefeiert wird: Ist das nicht der transzendenteste Begriff von al-

len? Was genau feiern wir, wenn wir die Gläser auf das Leben heben? Und wen singen wir an bei solchen Zusammentreffen? Zu wem oder was schauen wir auf, wem schicken wir die verzweifelten Stoßgebete an den schlechteren Tagen, wen fluchen wir an, bei wem können wir stark und schwach zugleich sein? Woran können wir glauben?

Was von Gott übrig blieb

Vor einer Weile saßen wir abends in einer Hotelbar mit zwei bekannten Sportlern zusammen, die nach ihrer Karriere ein neues Leben begonnen haben. Als wir einen der beiden gerade fragten, wie es ihm ging, entschuldigte sich der andere kurz. Da brach es regelrecht aus unserem Gesprächspartner heraus: Das Schicksal hatte es nach dem Karriereende nicht sonderlich gut mit ihm gemeint. Nach einer Insolvenz war er noch immer angeschlagen. Und das Schlimmste: Frau und Kind habe er in dieser schweren Zeit an eine Sekte verloren! An so einen irren Fernheiler aus Mallorca! Nach einem Moment der Stille entfaltete die Geschichte sich immer weiter. Mit brüchiger Stimme erzählte er uns die ganze traurige Wahrheit: wie seine Frau sich aus dem Staub gemacht und die Tochter mit sich gezogen hatte, und wie sie beide von diesem Verrückten mental gefesselt worden waren.

Viel verrückter schien es uns allerdings noch, als wir eine halbe Stunde später eine ganz ähnliche Geschichte von dem anderen Sportler zu hören bekamen: Auch seine Frau war diesem ominösen Guru verfallen. Auch er traute sich erst, davon zu erzählen, als sein Kumpel nicht daneben saß. Und er fügte noch ein paar ungeheuerliche Details hinzu: Lauter berühmte Persönlichkeiten seien ebenfalls in dieser Sekte, von der Hochfinanz bis hin zur Fernsehprominenz. Er nennt Namen, die wir im Leben nicht in die Nähe eines unseriösen Handauflegers gerückt hätten. Diese Geschichten aus den Klatschreportagen, die niemand glauben mag, der noch bei Verstand ist – plötzlich waren sie sehr nah. Auf einmal saßen sie mit uns an der Hotelbar.

An diesem Abend kamen wir nach dem ersten Schock nicht umhin, festzustellen: Die Frage, woran wir glauben können, ist offenbar bedeutsam genug, um Menschen in die Arme aller möglichen Heilslehren zu treiben. Auch heute noch.

Sigmund Freud, der Prototyp des Atheisten, hatte eine sehr klare Antwort darauf: Wir können an uns selbst glauben – und sonst an gar niemanden. Für ihn war Religion nichts als eine »menschliche Zwangsneurose«, und die Abkehr vom Glauben die logische Konsequenz eines geistigen Wachstumsprozesses. »Eine reife Persönlichkeit, die ihre tierischen und kindlichen Facetten erkennt und rational mit ihnen umgeht, hat Gott nicht nötig.«

Ein Blick auf die demografische Entwicklung der letzten 100 Jahre mag ihm auf den ersten Blick recht geben – auf den zweiten aber nicht mehr. Gewiss, die alten »Amtskirchen« sind die großen Verlierer der großen Orientierungssuche, die spätestens mit Nietzsches ebenso philosophisch konsequenter wie unterhaltsamer Schlagzeile ausbrach: »Gott ist tot.«

Mag ja sein – aber wer führt den Laden weiter? Ein Blick auf die Statistiken offenbart eine Diversifizierung des Kerngeschäfts mit dem Glauben. Von fernöstlichen Glaubensrichtungen bis hin zum Guru auf Mallorca. Und, auch das darf nicht vergessen werden: Auf dem Papier ist mit knapp 51 Prozent immer noch die Hälfte der Deutschen Mitglied in einer der großen Kirchen, zahlt also auch freiwillig Kirchensteuer. Nicht zuletzt in den Gentrifizie-

rungszentren, wo die für das Geistesleben traditionell prägende Mittelschicht residiert, gibt es sogar eine nicht zu vernachlässigende Zahl von Wieder- oder Neuanmeldungen. Vielleicht aus Wohlstandslangeweile, vielleicht aber auch nicht.
Trotzdem: Die großen Kirchen mit ihrer uns starr erscheinenden Lehre scheitern am Zeitgeist – und das schleichend, aber konsequent seit der Aufklärung. Ihre Positionierung hat sich mehr und mehr überlebt, und das Krisenmanagement hat offenbar noch keinen glaubwürdigen Dreh auf den rasanten Relevanzverfall gefunden.

CKR **Ich war als Jugendlicher nichtpraktizierender Katholik. Die Klosterschule habe ich abgebrochen, weil ich es nicht geschafft habe, im Katholizismus einen Zugang zu Gott zu finden. Deshalb trat ich als Jugendlicher auch aus der Kirche aus. Ich fand das lange Zeit schade; die Aura einer höheren Macht hat mir in manchen Lebenslagen durchaus gefehlt. Als wir viele Jahre später nach einer guten Schule für meinen Sohn suchten, war die beste Option vor Ort, pädagogisch und auch logistisch, ein katholisch geführtes Gymnasium. Problem: Beide Eltern mussten Katholiken sein, damit ihre Kinder sie besuchen konnten. Heute ärgere ich mich darüber, dass ich mich damals verbogen habe: Wie sozial ist es von einer gemeinnützigen Organisation, Menschen in eine Glaubenszugehörigkeit zu zwingen, die ihren Kindern eine gute Ausbildung sicher wollen? Noch alberner erscheint mir aus heutiger Sicht nur noch, dass ich mich damals darauf einließ. Aber ich ging den Kompromiss ein und trat der Kirche wieder bei,**

was ein ziemlicher Aufwand war: Antrag stellen, Papiere einreichen, einer Aufnahme-Messe beiwohnen. Entgegen meinen Überzeugungen spielte ich das Spiel mit — und zwar aus gänzlich rationalen Beweggründen. Mein Sohn sollte eine gute Schule besuchen, und diese hatte nun einmal einen guten Ruf. Fertig. Das wirklich Absurde ist: Am Ende ging David gar nicht auf diese Schule. Und ich trat schnellstmöglich wieder aus, denn der nächste Skandal ließ nicht lange auf sich warten. CKR

Das Problem der großen Kirchen liegt möglicherweise in einem Schlagwort, das als Kernkonzept der Lebensgestaltung heute genauso weltfremd klingt wie das Zölibat, einer seiner Eckpfeiler: die Frömmigkeit. Wer seinen Freunden und Kollegen heute mitteilt, er strebe ein frommes Leben an, hat mindestens mit irritierten Blicken zu rechnen, je nach Kinderstube der Anwesenden öfter wohl mit unverhohlenem Spott. Religiosität, wie sie einmal selbstverständlich war, ist heute meistens peinlich. Die pseudoreligiös motivierten Gräueltaten terroristischer Vereinigungen wie dem IS tun ein Übriges. Wer heute eine religiöse Lehre, ja irgendeine Lehre vorbehaltlos und rückhaltlos annimmt, singulär praktiziert und womöglich noch aus freien Stücken verbreitet, dem schlägt Misstrauen entgegen.

Religion ist nicht mehr nur uncool, sie gilt inzwischen auch noch als potenziell gefährlich. Früher war Glaube einmal gesellschaftliche Norm. Heute ist es geradezu non-konform, und Gläubige sehen sich mit einem gewissen Erklärungsbedarf konfrontiert. Dies dürfte ein weiterer Grund dafür sein, warum gerade jene Orientierungsformen en vogue sind, die ein quasi-religiöses Versprechen repräsentieren, sich aber nicht nach Religion anfühlen. Glaube light, sozusagen.

Gott ist umgezogen

Darunter fallen zum Beispiel diejenigen Religionen, die als »politically correct« gelten, allen voran der Buddhismus. Buddhismus ist irgendwie okay, so wie Yoga oder der Veganismus. Dem tut der Dalai Lama mit seiner überraschenden Aussage im Sommer 2014 keinen Abbruch, ganz im Gegenteil: »Manchmal denke ich, es wäre besser, es gäbe keine Religion.« Gerade das scheint vielen am Buddhismus so reizvoll: Er wirkt nicht so verkniffen und selbstverliebt wie ein Kardinal, der auch im 21. Jahrhundert noch nicht einsehen mag, dass ein antiquiertes Frauenbild und die Ausgrenzung gesellschaftlich längst akzeptierter Bevölkerungsgruppen kein gutes Aushängeschild für eine weltumspannende Glaubensgemeinschaft sind, die ein gesellschaftlich relevanter Akteur bleiben will.

Überhaupt üben offenbar vor allem jene Glaubensformen und religiösen Gemeinschaften einen besonderen intellektuellen Reiz aus, deren Mythos nicht von peinlichen öffentlichen Vertretern vor Ort ruiniert wird. Je ferner, desto besser: Schon lange liebäugelt die Mittelschicht mit exotischen Glaubensrichtungen, gern auch esoterischer Herkunft. Bereits die sexuelle Revolution der 68er brachte diesen Stein ins Rollen, denn sie machte aus dem Bruch mit dem antiquierten Konzept der Frömmigkeit eine Massenbewegung. Und mit einer aromatisch duftenden Rauchwolke um den Kopf herum nahmen die Menschen plötzlich massenhaft neue Verheißungen wahr, von denen sie sich stark angezogen fühlten. Gott spielte dabei eine eher untergeordnete Rolle.

Großen Einfluss auf die Entwicklung der Spiritualität hat in den letzten Jahrzehnten fraglos auch die Möglichkeit genommen, selbst in den entlegensten Winkel der Welt reisen und das Feeling anderer Kulturen vor Ort »antesten« zu können wie einen Neuwagen bei der Probefahrt: ganz unverbindlich. Es ist leicht, sich im Urlaub von einem bestimmten Geist angezogen zu fühlen. Da sind wir schließlich weit weg von allem, was uns im Alltag das Praktizieren einer Religion vermeintlich erschwert: dem Zeitmangel, dem Leistungsdruck - dort, wo wir all das mal mit Abstand sehen und auch infrage stellen können, ohne dafür gleich schief angesehen zu werden.

Die Inszenierung des Unerreichbaren

Eines waren Religionen schon immer: glänzende Inszenierungen. Und religiöse Führer waren schon immer Menschen, die in der Lage waren, sich glaubwürdig zu inszenieren.
Dass die Religionen heute ausgerechnet an ihrer Glaubwürdigkeit kranken, hat zweifellos damit zu tun, dass ihre Lehren in einer Echtzeit-Informationsgesellschaft sehr anfechtbar geworden sind. Allerdings in hohem Maße auch damit, dass es inzwischen viele konkurrierende Inszenierungen gibt, die einfach besser in die Lebenswirklichkeit der Menschen passen. Gehuldigt wird weiterhin, vom Apple-Gott bis zum Castingshow-Gott. Das alte Prinzip des Folgens und Führens hat sich keineswegs überlebt. Nur führen heute andere, und Gefolgschaft hat andere Symbole.
Die Kirchen haben es größtenteils nicht zuletzt verpasst, nicht nur ihre Inszenierung der Realität der neuen Gesellschaft anzupassen, sondern auch ihre Inszenierungsformen. Den Möglichkei-

ten des Digitalen etwa, die andere, oft originär digitale Lebensbegleiter und Helfer von Anfang an konsequent genutzt haben, um ihre Zielgruppen zu erreichen. Wenn ein Mensch heute Orientierung in Lebensfragen sucht, dann geht er nun mal nicht in ein Haus mit strengen Regeln, sondern in die virtuelle Welt von Google, die erst einmal niemanden verurteilt.

Ein Blick auf die Lebenswirklichkeit der jüngeren Generationen kann leicht den Eindruck entstehen lassen, dass der Starkult die Nachfolge der Religion angetreten hat. Stars seien für ihre Fans so etwas wie »säkularisierte Ersatzheilige«, schreibt der Psychologe und Dozent für Poptheorie Michael Rappe. Manche Fangemeinden erinnerten sogar an Orden oder Bruderschaften. Ihre Verehrungsformen hätten Gemeinsamkeiten mit der Heiligenverehrung in katholischen Ländern. So pilgern Elvis-Fans bis heute ans Grab des möglicherweise größten Entertainers aller Zeiten. Manche halten ihn sogar für unsterblich – immerhin kommt es auch beinahe vier Jahrzehnte nach seinem Tod immer noch zu angeblichen Sichtungen.

Das sind die extremen Fälle. Von einer ernsten Erkrankung sprechen Psychologen, wenn der Fan in dem Wahn lebt, seine oft romantischen Gefühle für sein Idol beruhten auf Gegenseitigkeit.

Ein liebender Gott, dem Einzelnen zugänglich und zugeneigt: das konstituierende Merkmal fast aller Religionen.

Was in früheren Zeiten, ohne medial gehypte »Ersatzgottheiten« vielleicht sogar ein Vorteil der Religionen war, ist heute ein ernsthafter Mangel ihrer Inszenierung. Denn von Göttern gibt es keine Fotos, und einen YouTube-Channel haben sie auch nicht. »Für viele Jugendliche ist Gott weit weg, zu weit«, erklärt Rappe die Präferenz vieler junger Menschen für den Starkult gegenüber der Religion.

Noch dazu entspricht das Konzept der Frömmigkeit, das sich in vergleichbarer Form in praktisch allen Religionen findet, nicht gerade der Vorstellung von einem guten Leben, mit dem wir heute aufwachsen. Dieses »gute Leben« dreht sich nämlich in hohem Maße um Selbstbestimmung und ist stark an materielle Werte geknüpft. Alles, was wir selbst nicht haben – der Star hat es. Das macht ihn sogar über seine Person hinaus begehrenswert, als Inbild eines Lebensstils. Groupies statt Jünger, Autogramme statt Hostien.

Trotz ihrer Entrücktheit und ihrer besonderen Lebensumstände sind Stars den Menschen näher. Auch sie leben von der Inszenierung des Unerreichbaren, wie die Religion. Doch hinter den Hochglanzbildern steckt eine reale Person, physisch und metaphysisch zugleich. Die Kirche hat hier nur Altarbilder und Kruzifixe entgegenzuhalten – eine schwache Konkurrenz.

Noch dazu herrscht an Stars, aus welchem Metier auch immer, eine praktisch unbegrenzte Auswahl. Inszenierungen gibt es für jeden Geschmack, vom coolen Typ bis zur steinreichen Kitschgöre. Sogar für die älteren Semester wachsen die Optionen: Um Starköche oder Friseure wird heute genauso ein Kult veranstaltet wie um Popstars oder Fußballer. Beinahe jeder kann heute zum Idol werden, wenn er sich richtig inszeniert. »Idol« ist übrigens ein religiöser Begriff: Ursprünglich wurden damit heidnische Götterfiguren bezeichnet, die früher unter anderem als Grabbeigaben dienten.

Und in noch einem Punkt hinken sämtliche Götter und auch Jesus den Idolen von heute hinterher: Die Hingabe kann jederzeit übergangslos beendet und durch einen neuen Kult ersetzt werden, wenn die Präferenzen sich ändern. Die Inszenierungen der Stars erheben keinen Anspruch auf die Ewigkeit und können ihre Zielgruppen deshalb gemäß ihrem Alter und Reifegrad ansprechen. Deshalb ist beim Starkult heute auch das Risiko viel geringer, sich im eigenen Umfeld zu blamieren, als bei dem Geständnis, einer Religion aktiv anzugehören.

»Du sollst keinen Gott neben mir haben« – mit ihrem Anspruch auf Alleingültigkeit verstoßen die Religionen gegen einen Grundsatz jeder PR-Inszenierung: Wer die alleinige Deutungshoheit beansprucht, geht ein hohes Risiko der Bedeutungslosigkeit ein.

Unsterblich ist nur der Glaube selbst

Anthropologen schätzen, dass es im Laufe der Menschheitsentwicklung bereits etwa 100 000 Religionen gegeben hat. Der Evolutionsbiologe Edward O. Wilson schließt daraus auf eine Art angeborene Tendenz. Er bezeichnet die Prädisposition zu religiösem Glauben als »komplexeste und mächtigste Kraft des menschlichen Geistes und als unauslöschlichen Bestandteil der menschlichen Natur«. Und dafür, so Wilson, schränkten Menschen sogar gern ihren Spielraum bei der Lebensgestaltung ein: um die Vorzüge der Gruppenmitgliedschaft zu genießen, ohne dafür Energie einsetzen oder Risiken eingehen zu müssen.

Vielleicht liegt hier der Knackpunkt, warum Religionen trotz dieser tief verwurzelten Prädisposition für den Glauben in einer immer transparenteren vernetzten Welt so viel gesellschaftliche Bedeutung eingebüßt haben: Immer weniger Menschen sind bereit, ihren Spielraum bei der Lebensgestaltung einzuschränken. Der Wunsch nach Gemeinschaft dagegen scheint eher zuzunehmen als abzunehmen.

SH Mein Vater ging jeden Sonntag in die Kirche — aber nur für die letzten fünf Minuten des Gottesdienstes. Er ging nicht für die Predigt oder das Abendmahl, er machte sich nichts aus dem zeremoniellen Teil. Was ihn interessierte, war einzig und allein das Gemeindeleben. Er wollte dabei sein, wenn Nachbarn und Freunde nach dem Gottesdienst plauderten und in der Dorfkneipe ein Bier miteinander tranken. Es ging ihm um die Gemeinschaft, nicht um die Lehren.
Als er im Januar 2012 gestorben war, wollte ich bei der Andacht gern selbst die Rede halten — doch der Pfarrer war dagegen. Er bestand darauf, die Kontrolle über diese Inszenierung zu behalten. Stattdessen bat er mich um meinen Input, und den bekam er. Ich machte ihm einen detaillierten, persönlich formulierten Vorschlag, was zu hören meiner Familie guttun würde. In dem Manuskript erzählte ich von meinem Vater, von seiner Persönlichkeit, seiner Rolle in unserem Leben, von gemeinsamen Geschichten. Und ich bemühte mich, ihn so oft wie möglich zu Wort kommen zu lassen, indem ich ihn zitierte mit Dingen, die er zu sagen pflegte.
Als der Pfarrer bei der Andacht die ersten Sätze gesprochen hatte, traute ich meinen Ohren nicht. Er hatte alles, was ich vor ihm ausgebreitet hatte, zensiert. Die Geschichten und die Worte hatte er zu predigtkompatiblen Phrasen zurechtgebogen. Die Zitate meines Vaters! Er hatte den Wortlaut des Verstorbenen seiner Doktrin angepasst! Das Schlimme daran war: Ich erkannte die Person gar nicht mehr, über die er da sprach.

Und ich saß dort, unsagbar wütend, und konnte nichts tun. Nicht ohne einen Eklat zu provozieren und es für uns alle noch schlimmer zu machen. Was gab ihm das Recht, die Persönlichkeit des Menschen zu missachten, um den sich all das drehte, und seiner Inszenierung den Vorrang zu geben? Nicht der Inszenierung Gottes, nicht der Übermacht des Glaubens, sondern seiner persönlichen Inszenierung?
Seitdem weiß ich: Sogar mancher Geistliche verwechselt Religion und Glauben. Sogar Vertreter Gottes stellen die Inszenierung über die Nächstenliebe, wenn es um die Lebensgestaltung der Menschen geht. SH

Die Bedeutung des Glaubens hat vielleicht gar nicht abgenommen in unserem Leben. Der Unterschied ist: Die irdischen Vertreter der Religionen haben an Strahlkraft verloren. Und es gibt unendlich viele Möglichkeiten, das Vakuum zu füllen, das sie hinterlassen haben und das die Kirchen trotz größter Bemühungen derzeit nicht mehr zu füllen in der Lage sind. Wo sucht man seinen Stern, wenn die vorhandenen Sinnangebote mit ihren Doktrinen erdrückend und antiquiert wirken? Wohin wendet man sich, wenn die altmodischen Modelle überall drücken und kneifen, und vor allem: beim besten Willen nicht zum eigenen Stil passen wollen?
Wo findet man die passende Religion für die eigene Lebensgestaltung? Wo finden die Postmodernen Halt und Orientierung auf ihrer kurvenreichen Relevanzexpedition? Wo ist die Lebenshilfe, die flexibel genug ist für unsere Zeit? Woher nimmt man einen Glauben, der jeden Bruch und jeden Schnörkel in der komplexen Biografie mitmacht?

Ganz einfach: Man bastelt ihn sich selbst. Ohne Doktrinen und Nebenwirkungen, rezeptfrei aus dem eigenen Nähkästchen.
Heute basteln sich immer mehr Menschen eine eigene Weltanschauung – und die steht auf keinem ethischen Podest und wird von niemandem in glänzendem Talar einer moralischen Prüfung unterzogen. Sie ist genauso bunt oder auch schwarz-weiß wie die persönliche Lebenseinstellung, denn in ihr wurzelt sie. Sie sammelt, sortiert und vermengt all das, was unsere Sehnsüchte kitzelt, unsere Schmerzen stillt und unsere Hoffnungen nährt. Alles, was uns guttut, und alles, von dem wir glauben, dass es uns zu besseren Menschen macht. Nicht aus moralischer Sicht, sondern aus ganz pragmatischer: Ein gutes Leben führt, wer das Richtige tut. Und das wollen wir alle, woran auch immer wir glauben.
Die Mehrzahl der Menschen – insbesondere ab der Generation Y, die die Sinnsuche schon in ihrem Namen trägt – sucht heute nach flexiblen Wegen, sich ihr Bedürfnis nach Halt und Orientierung erfüllen zu können. Deshalb kommen ihnen Puzzleteile wie die Sunday Assembly wie gerufen, die den Bedarf an Gemeinschaft abdeckt, ohne Doktrinen daran zu knüpfen. Sie wollen keine Theoriegebäude auf wackligem Fundament, sondern lieber das E-Mobil, das den ständigen Perspektivwechsel zulässt: jederzeit eine neue Sicht auf die Dinge, je nachdem, wo wir gerade stehen.
Verbindlichkeit ist trotzdem ein Muss. Das Bedürfnis nach einem universellen Wertesystem, einem tieferen Sinn des Daseins und nach Zusammenhalt durch das, woran wir glauben, bleibt. Nur hat die entzauberte Welt, ergründet durch Technik und Wissenschaft, uns ermächtigt, selbst zu entscheiden, woran wir glauben wollen.

Die alten Werte Gerechtigkeit, Dankbarkeit und Freiheit spielen dabei eine unverändert große Rolle. Nur kann heute jeder sein eigener Ritualdesigner sein. Wo früher die Vertreter Gottes das Weihrauchfass schwenkten, tragen wir die Insignien, an deren Verheißungen wir glauben, heute in der Hosentasche. Sie sind sichtbar, sie sind sogar käuflich. An *Materielles glauben* – das ist heute kein Widerspruch mehr. Beim Kaufen ist das Erlösungsmoment ja auch irgendwie viel direkter als beim Kasteien.

Die unsichtbaren Religionen

Unsichtbar geworden ist dagegen die Religion. Sie hat viele Gesichter und viele Namen. Nicht nur für die, die mit fernöstlichen Lehren experimentieren oder sich Versatzstücke aus allen möglichen Glaubensrichtungen zu einer Privatreligion zusammensetzen. Sondern auch für die, die gar nicht darüber nachdenken, warum sie an das glauben, woran sie glauben.

Die postreligiösen Rituale werden überall dort zelebriert, wo Menschen von gemeinsamen Interessen zusammengeführt werden. Großereignisse wie die Fußball-WM zeigen regelmäßig, wie verbindend und euphorisierend ein gemeinsames Lebensgefühl wirken kann: wenn alle dem gleichen Moment entgegenfiebern, von den gleichen Bildern und Ritualen gefesselt werden, den gleichen Idolen zujubeln. »Fan« kommt von »fanatisch« das hat Facebook uns schon beinahe vergessen lassen. Konzerte, Kinopremieren, die Fashion Week – all das sind Anlässe, wo Menschen gemeinsam das zelebrieren, was ihnen an der Welt relevant erscheint.

All das heißt nicht Religion, doch es nimmt im Leben sehr vieler Menschen den Platz ein, den früher ganz selbstverständlich die

Religion ausgefüllt hat. Dazu gehört auch, dass die unsichtbaren Religionen heute das ausgleichen, was uns selbst am meisten fehlt. Religion hat immer auch den Zweck, ein Vakuum zu füllen. Fußballer, Models und Popstars haben oft scheinbar makellose Körper. Sich mit den Ikonen des selbst gewählten Relevanzfelds zu identifizieren, stärkt das Selbstwertgefühl, und durch die Vernetzungsmöglichkeiten können wir diese populären Figuren sogar als Vehikel nutzen, uns selbst Öffentlichkeit zu verschaffen.

Diese unsichtbaren Religionen mögen nicht mehr so heißen, doch ihre Inszenierungen haben den »echten« Religionen eines voraus: Hier wird der Einzelne nicht kleingehalten, wie es bei vielen Religionen der Fall ist. Beteiligung heißt hier immer auch, so groß werden zu können, wie der Glaube an sich selbst es zulässt.

Ein weiterer Vorteil der Wahlfreiheit im Zeitalter der Do-it-yourself-Religionen: Es gibt kein Verbot mehr, andere Götter zu haben. Sogar an sich selbst mehr zu glauben als an irgendetwas oder irgendjemanden, ist als Konfession gesellschaftlich zulässig. Erwünscht sogar – jedenfalls in vielerlei Hinsicht vorteilhaft.

Der Glaube an sich selbst ist von allen unsichtbaren Religionen die effektivste. Nichts lässt sich gewinnbringender inszenieren als der Glaube an die eigenen Potenziale: Wer an sich glaubt, dem kann auch gefolgt werden. Auf Facebook oder im wahren Leben. Wenn sich ein Relevanzfeld findet, das wir glaubwürdig, nein: *glaubens*würdig bedienen können.

Glauben gegen die Angst

Angst ist schon immer ein starker Treiber des Glaubens gewesen. Der Anteil der Menschen in einer Gesellschaft, die sich mit dem Konzept »Frömmigkeit« identifizieren können, ist umso höher, je größer die Armut in dieser Gesellschaft ist. Unser Wohlstand hat deshalb viel damit zu tun, warum wir uns immer mehr von der Religion distanzieren – und nach Glaubensrichtungen suchen, die das Materielle einbeziehen oder wenigstens nicht verurteilen. Das Geld als Gott? Vielleicht.

> CKR **Auch Wohlstand erzeugt Angst: die Angst, zu verlieren, was wir gewonnen haben.** CKR

Existenzangst führt dazu, dass sich Menschen, denen nichts anderes bleibt, an die Hoffnung klammern. Also daran, dass irgendjemand richten wird, was sich ihrer eigenen Kontrolle entzieht. Und diese Angst wächst in Deutschland wieder. Der Soziologe Heinz Bude betrachtet sie schon heute als bestimmend für unsere Zeit. Konkret benennt er die Angst, Fehler zu machen, als konstituierend dafür, wie wir auf das Leben blicken und welche Schlüsse wir aus unserer Biografie ziehen. Die Gesellschaft, so Bude, ist durchzogen von unterschwelligen Drohungen – ganz besonders beim Thema Karriere, die eine Lebensgestaltung nach eigenen, zumal materiellen Vorstellungen erst ermöglicht. Eine dieser Drohungen: »Nutze deine Potenziale!« Umkehrschluss: »Wenn du es nicht tust, dann wird es dir eben nicht gut gehen. Dann gehörst du vielleicht zu jenem Teil der Mittelschicht, dem es immer schlechter geht, während der obere Teil der Mittelschicht sich immer weiter nach oben orientiert.«

Potenziale nutzen: Das ist gut, wenn es funktioniert. Das ist hilfreich, wenn ich weiß, welches Potenzial ich habe, das auszuschöpfen geeignet und gewinnbringend ist. Wenn ich das aber nicht weiß, wenn es mir an einem Zugang zu meinem Potenzial fehlt oder ich womöglich keines habe, dann bin ich im besten Fall zur Mittelmäßigkeit verdammt. Im schlechtesten Fall zum sozialen Absturz, was im »Tschakka-Narrativ« der Motivationsgesellschaft ungefähr das Gleiche ist.

Auch dieses gesellschaftliche Leitbild vom Ausschöpfen der eigenen Potenziale beginnt zu bröckeln, denn zu viele machen die Erfahrung, dass die Potenziale allein eben nicht ausreichen. Die Generation Y ist eine Generation von Akademikern, die eben nicht mehr die Erfahrung machen, dass mit einem guten Bildungsabschluss ein gutes Leben wenigstens sehr wahrscheinlich ist. Sie erleben massenhaft am eigenen Leib, dass man mit einem Universitätsabschluss bei der Wohlstandsverteilung locker von einem Gleichaltrigen abgehängt werden kann, der in Schule oder Uni vielleicht sogar schlechter war, aber irgendwo eine clevere Wahl getroffen hat. Zum Beispiel bei der Entscheidung für seinen Beruf. Und das vielleicht einfach nur durch Zufall.

Solche Beobachtungen bestätigen einerseits die Theorie von den Potenzialen – und werfen sie andererseits in gleichem Maße über den Haufen. Wer seine Potenziale ausschöpft, und seien sie noch so begrenzt, kann es trotzdem zu etwas bringen – wenn er Glück hat. Wenn er irgendwo richtig abbiegt. Vielleicht durch einen »guten Riecher«. Vielleicht aber auch einfach nur durch puren Dusel.

Und das ist eine dramatische Erkenntnis, eine Feststellung, die das über Generationen aufgebaute Leitmotiv »Leistung gleich Erfolg« einfach aus den Angeln hebt. Wer gute Bildung hat, wer sich anstrengt, wer alles richtig macht, dem wird es auch gut gehen: Daran zu glauben ist für die Generationen, die jetzt auf den Arbeitsmarkt drängen, sehr schwer geworden. Sogar an sich selbst zu glauben ist kein echter Trost, wenn jeder ein Dutzend Altersgenossen aufzählen kann, denen das nichts genützt hat. Diese jungen Menschen brauchen ein neues Narrativ, an das sie glauben können, damit sie sich reinhängen. Und es ist keines in Sicht.

> [SH]**Deshalb ist es jungen Menschen heute so wichtig, sich einer Aufgabe zu widmen, die sich für sie relevant anfühlt. Sie suchen nach einer Erfüllung, auf die sie wirklich Einfluss haben — statt einer Vorstellung vom »guten Leben«, die sich nicht mehr kontrolliert herbeiführen lässt.**[SH]

Die Glückssekte

»Glück« ist ein vieldeutiges Wort. Neben dem Lebensglück, das angeblich irgendetwas mit Erfüllung zu tun hat, gibt es noch das Glück, das den Lottogewinner ereilt. Oder eben den weniger fleißigen Klassenkameraden, der plötzlich trotzdem das Dreifache verdient, weil er irgendwo mal richtig abgebogen ist. Man kann das Chancenintelligenz nennen oder Zufall, Karma oder Ungerechtigkeit. Das Konzept vom Glück, das man als Bürde mit sich durch den Alltag schleppt, sagt viel darüber aus, woran man glaubt - aber leider wenig darüber, wie dem eigenen Unglück beizukommen wäre.
Ein hervorragender Nährboden für die Priester der Glückssekte: Was kann man den Menschen nicht alles verkaufen mit dem

Versprechen von ein bisschen Glück? In seiner Eigenschaft als Heilslehre ist das Thema in die Fußstapfen des Erfolgs getreten. Nur konsequent, folgt man den Beobachtungen der Soziologen: Wenn sich die Versprechungen von Erfolg durch Leistung und Wohlstand durch das Ausschöpfen der eigenen Potenziale nicht mehr zwingend erfüllen, wenn beides eher am »Glück« hängt als an irgendetwas, das wir selbst beeinflussen könnten - dann ist es nur natürlich, dass viele Menschen ein neues Konzept brauchen, an das sie sich klammern können. Der Bedarf ist genauso nachvollziehbar wie der Versuch, ihn zu bedienen.
Glück hat sich zu einer Quasi-Religion entwickelt. Die Glücksritter in den Fernsehsendungen und Bücherregalen bieten uns eine Vielzahl von Konzepten an, an die wir glauben können oder eben nicht. Von Glückskindern bis zum Glücksindikator. In Bhutan gibt es tatsächlich einen waschechten Glücksminister. Menschen pilgern in vermeintlich »glückliche Länder« und zu den Veranstaltungen der »Glückspilze«, weil das Glück genauso ein Vakuum erzeugt wie jedes andere transzendente Konzept: Was man nicht anfassen kann, kann man ewig wollen. Dem Glück können wir hinterherjagen wie die Katze ihrem Schwanz.
Und ob wir dann tatsächlich Glück haben, ist immer noch Interpretationssache. Das Glück liegt schließlich im Sein, nicht im Haben.

CKR **Glück haben und glücklich sein sind nicht dasselbe. Ich habe oft Glück gehabt — aber glücklich war ich eher, wenn ich für etwas kämpfen musste.** CKR

Es gibt Menschen, die nach außen sehr glücklich aussehen, weil sie die Statusmerkmale der »Glücklichen« auf sich vereinen, und sich dennoch für alle unerwartet das Leben nehmen. Und es gibt Menschen, deren Lebensumstände wir betrachten und uns fragen: Wie schaffen die es, trotz allem mit einem Lächeln durchs Leben zu gehen? Vielleicht einfach deshalb, weil sie sich über das Glück nicht zu viele Gedanken machen.

Glauben ist gesund

Vielleicht ist es aber auch so, dass diese Menschen sich in einer entzauberten Zeit ihre Spiritualität bewahrt haben. Aus Sicht mancher Wissenschaftler spricht einiges dafür.
Der US-amerikanische Psychiater Harold Koenig hat an der Duke University in Durham/North Carolina eine Vielzahl von Studien zu diesem Thema ausgewertet und zahlreiche Indizien dafür gefunden, dass der Glaube Depressionen lindern und gegen Angststörungen helfen kann. Gläubige Menschen überwänden zudem Suchterkrankungen besser. Durch schwere Zeiten im Leben scheint der Glaube also durchaus helfen zu können. Mehr noch: Gläubige, so Koenig, hätten durchschnittlich einen niedrigeren Blutdruck, ein besseres Immunsystem, gesündere Herzen – und lebten daher auch länger.
Die Frage ist: Hat das mit einer entlastenden, stressreduzierenden Wirkung des Glaubens an sich zu tun? Oder damit, dass die Regeln, die die meisten Glaubensrichtungen ihren Anhängern auferlegen, vieles Ungesunde einfach verbannen? Auf diese Frage sind Koenig und andere Wissenschaftler bisher klare Antworten schuldig geblieben.
Der Berliner Biopsychologe Peter Walschburger hält den Glauben für eine Antwort des Menschen auf eine »evolutionäre Problemstellung«: Der Mensch habe im Laufe seiner Entwicklung

die Fähigkeit ausgebildet, auf eine mentale Zeitreise zu gehen. Er kann zurückdenken und sich erinnern, er kann aber auch weit vorausschauen, sogar bis zum eigenen Tod und darüber hinaus. Dieser Blick nach vorn führt ins Ungewisse, das grundsätzlich erst einmal Angst erzeugt - und dagegen hat sich der Glaube lange Zeit als effektive Therapie erwiesen.

Kein Wunder also, dass die Angst heute wieder wächst, wo der Glaube vielen von uns nach und nach abhandenkommt. Und kein Wunder, dass wir gleichzeitig so angestrengt nach etwas Neuem suchen, woran wir glauben können. Wenn Walschburger recht hat, dann brauchen wir den Glauben tatsächlich - nicht nur, um glücklich zu sein, sondern auch, um leben zu können. Sei es der jüdische, der islamische, der hinduistische, buddhistische oder der christliche Glaube. Oder sei es ein bisschen Wellness-Religion in homöopathischen Dosen. Zum Beispiel mit Yoga im Park oder einem Flirt mit dem Schamanismus im Volkshochschulkurs.

Der Glaube als Korrektiv — aber wofür?

Doch die Feststellung des Forschers legt noch einen anderen Schluss nahe: Könnte der Mensch nicht so gründlich nach vorn blicken, hätte er auch weniger Angst. Wären wir nicht so sehr darauf fixiert, was morgen sein wird, hätten wir auch weniger Bedarf an Heilslehren. Dann würden die Drohkulissen nicht wirken und die Glücksritter nicht so eine Anziehung ausüben.

Vielleicht ist unser Problem gar nicht, dass es uns an Glück mangelt. Vielleicht kommt die Sehnsucht danach, an etwas glauben zu können, eher daher, dass wir unser Glück nicht fassen können. Dass wir nicht sehen, was ist - weil wir nur darauf fixiert sind, was sein könnte.

In der Vergangenheit ist die Religion immer ein gesellschaftliches Korrektiv gewesen. Traditionell kritisiert der Papst noch heute Entwicklungen, die der Lehre der katholischen Kirche widersprechen, wie beispielsweise mangelnde Nächstenliebe als Fehler des Turbokapitalismus.

Dass wir nach vorn schauen und aktuelle Missstände zu korrigieren versuchen, ist eine notwendige Voraussetzung dafür, dass die Evolution weitergeht. Dass wir vorankommen und nicht stehen bleiben, dass wir uns weiterentwickeln und unsere Probleme überwinden. Auch die Wohlstandsprobleme und die, die der Wohlstand erzeugt oder vertieft – wie die Ausbeutung derer, auf denen er beruht.

Vielleicht täten wir allerdings auch gut daran, uns nicht immer nur darauf zu fixieren. Möglicherweise sollten wir nicht all unsere Energie darauf verwenden, immer neue Probleme zu erfinden, für die wir dann morgen eine Lösung brauchen. Vielleicht sind wir zu sehr auf unsere Defizite orientiert.

Stattdessen könnten wir, wenn wir wieder einmal ein Vakuum empfinden, standhaft sein und der Angst nicht die Tür öffnen. Und uns stattdessen einmal auf das konzentrieren, was gut und richtig und schön ist an unserem Leben und an der Welt, wie sie ist. Da gibt es vieles, woran wir glauben können, das gar nicht transzendent ist – und noch dazu eindeutig belegbar und schlicht beglückend.

Vielen fällt die »Besinnung« auf die positiven Dinge im Leben zum Beispiel angesichts der Migrationsbewegungen gerade sehr schwer. Zum Beispiel auch einem NPD-Politiker aus dem hessischen Büdingen, wo die Rechtsextremen ganze 10,2 Prozent Zustimmung bei den Kommunalwahlen erfahren haben. Seine Partei hetzt sehr erfolgreich gegen eine Erstaufnahmeeinrichtung für Flüchtlinge in dem 21000-Einwohner-Städtchen. Und dann mischt sich im März 2016, unmittelbar nach jener Wahl, das Schicksal ein: Der Rechtsextreme kommt mit seinem Auto von der Bundesstraße ab und prallt gegen einen Baum. Zufällig fahren zwei Busse an der Unfallstelle vorbei. Zwei Männer springen heraus. Sie ziehen den schwer verletzten Mann aus dem völlig zerstörten Autowrack und leisten an Ort und Stelle Erste Hilfe, bis die Rettungskräfte eintreffen. Bei den beiden Männern, die dem rechtsextremen Lokalpolitiker in der Not zur Hilfe eilten, handelt es sich nach Aussagen von Augenzeugen um syrische Flüchtlinge.

Wie wäre es, wenn wir – allen Defiziten zum Trotz, die wir in der Welt sehen – ein bisschen öfter einfach an das Gute im Menschen glauben würden? Das ist ein Glaube, der uns nichts abverlangt, der nicht vorgibt, mehr zu sein, als er ist, und für den es darüber hinaus auch noch fast so viele Beweise gibt wie Menschen auf dem Planeten. Keine Überwindung, kein Bekenntnis zu einer Heilslehre, keine Regeln, keine Opfer.

Was sind die Religionen als gesellschaftliches Korrektiv, was ist der Bastel-Spiritualismus in der Wohlstandsgesellschaft und was ist die Glückswelle am Markt der Lebenshilfe, wenn nicht ein Signal dafür, dass wir alle dringend ein bisschen Erlösung nötig haben? Vielleicht sollten wir unseren Blick in diesen entzauberten Zeiten auf das lenken, was uns unverändert zu verzaubern vermag: die Momente, in denen das Leben uns genau das gibt, was für uns gerade relevant ist. Wo wir mitten in unserer Relevanzexpedition genau das bekommen, was wir gerade brauchen. Vielleicht sollten wir nicht immer nur in der Not nach Relevanz suchen, und dafür öfter in der Erfüllung. Dann könnte der Glaube ein Korrektiv sein, das wir im Leben erfahren und für die Lebensgestaltung nutzen können, ohne auf den Tod zu warten.

Dem NPD-Politiker ist das nicht gelungen. Er hat es (zumindest soweit die Öffentlichkeit dies mitbekommen hat) bisher nicht über sich gebracht, seinen Rettern einen klaren Dank auszusprechen und sein Bekenntnis zu einer inhumanen Ideologie zu überdenken. Aber das ist eben die Kehrseite jedes Glaubens: Wenn wir an irgendetwas glauben, das wir gut nennen, glauben wir damit unvermeidlich auch an sein Gegenteil.

Die Dialektik des Lebens überführen in Relevanz: Das wäre unserer Ansicht nach lebenspraktische Spiritualität.

Ein spirituelles Motiv: Glück in den Weltreligionen

Christentum

Das Wort »Glück« taucht im Neuen Testament kein einziges Mal auf – das Christentum spricht stattdessen von »Heil« oder »Freude«.

Judentum

Glück ist ein Geschenk von Gott, und auch der Erfolg liegt in Gottes Hand.

Islam

Höchstes Glück ist der Einzug ins Paradies. Die Entscheidung darüber liegt bei Gott und bemisst sich am Handeln im Leben.

Hinduismus

Hindus, genau wie Buddhisten, trennen streng zwischen menschlichen Gefühlen wie dem, was wir gemeinhin unter »Glück« verstehen, und einer transzendenten Glückseligkeit. Wahre Glückseligkeit, das »ananda«, bedeutet direkt übersetzt: Nicht-Unglück. Das Glück wohnt im Menschen – und ist zu erlangen, indem wir schlechte Eigenschaften ablegen.

Buddhismus

Erleuchtung ist der Zustand wunschlosen Glücks beziehungsweise völliger Zufriedenheit. Sie setzt voraus, ganz im Augenblick zu leben und die Dinge so zu sehen, wie sie wirklich sind. Glück ist demnach eine Mischung aus Freiheit, Gelassenheit und Wissen.

Social leben: Vernetzung

Was geht die Welt mein Leben an?

Der dicke Maradona

2002 verliert Andrew Cassidy aus Wales innerhalb kürzester Zeit seinen Job als Fischer und seinen besten Freund, mit dem er damals zusammenlebt. Seine Welt bricht zusammen. Der Enddreißiger aus Wales steht vor dem Nichts. Wer ist er denn schon? Was kann er schon tun? Er hat kein Netzwerk, auf das er sich berufen könnte. Niemanden, der irgendein Interesse daran hätte, ihm in dieser Situation zu helfen. Andrew ist in einem neuen, sozialen Sinne belanglos. Er ist aus der Welt gefallen, wie so viele andere Menschen, von denen wir im Gegensatz zu ihm nie hören werden.

Andrew braucht etwas, woran er sich festhalten kann. Etwas, das seine Tage füllt und seinem Leben wieder einen Inhalt gibt. Und sei es bloße Beschäftigungstherapie. Denn etwas hat Andrew, das den meisten anderen Menschen in ihren »erfolgreichen« Leben fehlt: Zeit. Und er nutzt sie, auf seine Weise. Wie die meisten anderen Waliser in seinem Alter ist Andrew Fußballfan. In den Docks seiner Heimatstadt Milton beginnt er mit dem runden Leder zu jonglieren. Trotz seines massiven Übergewichts scheint er Talent dafür zu haben. Schnell wird er besser und besser. Tag für Tag kickt er an den Docks den Ball gegen eine Wand, fängt ihn mit der Schulter auf, lässt ihn über die

Arme rollen, legt sich mit der Hacke Kopfbälle vor, kickt und kickt. Er hat ja Zeit.
Über zehn Jahre lang macht Andrew das, und nicht viel anderes.
Bis ein Tourist ihn mit dem Handy filmt und den Clip online stellt. Dann geht alles ganz schnell. Gestern noch als ein Niemand ins Bett gegangen, wacht Andrew eines Frühjahrsmorgens im Jahr 2013 auf und sieht sich an seiner Wirkungsstätte mit massivem Medieninteresse konfrontiert. Über Nacht ist der dicke walisische Fischer mit der Vokuhila-Frisur, inzwischen 50 Jahre alt, zur Internetsensation geworden. Sogar einen Namen hat das Phänomen schon bekommen: Den »walisischen Maradona« nennen sie ihn online. Das erste Video von seinen Jonglierkünsten hat bereits Hunderttausende Klicks. Heute sind es fast dreieinhalb Millionen.
Die englische Daily Mail *findet ihn zuerst und druckt seine Geschichte. »Es ist verrückt, wenn man darüber nachdenkt, dass so viele Menschen das Video gesehen haben«, sagt er den Journalisten.*
Was Andrew seitdem widerfahren ist, ist noch um einiges verrückter. Das Gespräch mit der Daily Mail *ist nur das erste von vielen, vielen Interviews. Andrew wird zum Star, von Neuseeland bis nach New York. Bereits im Monat nach seiner »Entdeckung« laden ihn die Organisatoren der Freestyle-Fußball-WM nach Dubai ein, wo er an der Eröffnungszeremonie teilnimmt. Als Performer, nicht als Gast. Flug, Hotel und Taschengeld inklusive. Er wird in landesweite TV-Fußballformate eingeladen, Fernsehsender aus aller Welt reisen nach Milton, um ihn zu filmen und sich seine Lebensgeschichte erzählen zu lassen. Nach dem ersten PR-Deal in Dubai folgen weitere – unter anderem ein lukrativer Werbevertrag mit dem Fernsehsender Sky. Es dauert nicht lange, und die Firma SBX Entertainment schließt einen Exklusivvertrag mit Andrew – wie sonst mit Filmstars und anderen Prominenten.*

Für Sky reist Andrew auch nach Deutschland und filmt einen Werbeclip mit den Stars des FC Bayern München. »Ich muss sagen, sie sind nicht schlecht«, witzelt er in dem Film über die Fußballmillionäre. Und die lachen mit ihm, nicht über ihn, so scheint es.

Bei genauerer Betrachtung steckt hinter Andrews Geschichte allerdings eine noch viel tiefere Ironie als die eines dicken Mannes, der sich plötzlich ungestraft mit Fußballstars vergleichen darf. Die Ironie einer vernetzten Welt, in der plötzlich scheinbar jeder ein Star werden kann. *Jeder.* Wenn er irgendetwas hat, das die Netzgemeinde relevant findet. Ein besonderes Talent mit Unterhaltungsfaktor zum Beispiel – wie ein 50-jähriger Mann von 130 Kilo, der besser mit dem Ball zaubern kann als durchtrainierte 20-Jährige.

Nur dass es diese Fähigkeit gar nicht ist, die die Menschen an Andrew relevant finden. Was ihn und andere Netzphänomene unserer Ansicht nach so beliebt macht, ist etwas ganz anderes: Sie sind »unwahrscheinliche Stars«. Menschen, die vor dem digitalen Zeitalter nie im Leben auch nur in die Nähe des Starrummels gekommen wären. Kein Mensch hätte sie beachtet, kein Journalist sich für ihre Geschichte interessiert. Andrew wäre aller Voraussicht nach irgendwann, wie Milliarden anderer Menschen vor ihm, von der Öffentlichkeit unbeachtet aus dem Leben gegangen.

Und genau das macht diese Menschen spannend. Sie spiegeln den Teil von uns, der berühmt und beachtet sein will, gerade weil die Wahrscheinlichkeit so gering ist. Sie machen den Menschen Hoffnung: Wenn *der* berühmt werden und Geld scheffeln kann, dann kann ich das auch.

Das Internet ist ein Medium der Hoffnung – ganz besonders für die, die sonst keine haben. Tatsächlich bindet es uns in die Welt ein. Die einen passiv, indem es ihnen immerhin Zugang zu einer Welt verschafft, die sie sonst nie zu sehen bekämen. Die Bauerntochter in Schleswig-Holstein oder Mecklenburg zum Beispiel, die sonst nicht viel sieht außer plattem Land. Die anderen aktiv, wie Andrew, der plötzlich ein Teil jener Welt ist, die für die meisten unerreichbar bleibt.

Und das wirft Fragen auf, die wir uns zuvor so nie gestellt haben. Denn auch wenn wir keine Internet-Stars sind, sind wir doch fast alle öffentlich. Für jeden, den es interessiert. Ob wir auf diese Transparenz stehen oder nicht, wir werden regelrecht in die Relevanzüberlegung hineingezwungen: Was an mir ist interessant für andere? Allein das ist schon eine Frage, die von der Erweckung bis zur Lebenskrise so ziemlich alles auslösen kann.

Dann kommen die Nutzenerwägungen: Was an mir lohnt es, öffentlich zu machen? Was will mein Arbeitgeber über mich lesen, oder meine Kunden, was meine Freunde, und was kann ich vor Mutti verantworten? Was sollen meine Konkurrenten über mich denken? Menschen, denen ich es schon immer mal zeigen wollte? Potenzielle Sexualpartner? Und schon sind wir auf der Kippe zwischen Selbstbewusstsein und Schizophrenie. Schon geht es gar nicht mehr wirklich um uns, sondern um einen Zweck.

Auf diese Fragen folgen weitere, kein Stück leichter: Wie viel von mir will ich überhaupt preisgeben? Was darf öffentlich werden, was nicht? Wo sind die Grenzen zwischen meinem privaten Ich und meinem öffentlichen Ich?

Das sind Fragen, die die meisten Menschen sich heute stellen – mal mehr, mal weniger freiwillig. Wir auch.

Relevanz durch Irrelevanz

Interessanterweise haben wir innerhalb kürzester Zeit eine Parallele entdeckt zwischen der Funktionsweise der »unwahrscheinlichen Stars« und dem Erfolg unserer eigenen Bemühungen im World Wide Web. Auch wir haben festgestellt, dass das scheinbar Irrelevante, das Improvisierte und Unprofessionelle, im Netz mehr Aufmerksamkeit zu bekommen scheint als das offensichtlich kühl Kalkulierte.

Zu Beginn unserer gemeinsamen Unternehmungen hatten wir keinen konkreten Plan für unser geschäftliches Social-Media-Verhalten. Bis vor einigen Jahren posteten wir, selbstkritisch betrachtet, einfach irgendwas. Gemeinsame Aktivitäten, schöne Momente, Meinungsäußerungen, Links, die wir für interessant hielten, Fotos oder Videos von Events, News aus dem Unternehmen. Wenn wir etwas mochten, wenn uns etwas Spaß machte, wenn uns etwas faszinierte und unsere Neugier weckte, stellten wir es online, ohne uns große Gedanken darüber zu machen. Das Ergebnis: Die Zahl der Follower stieg jahrelang kontinuierlich an, und unsere Reichweite vergrößerte sich zusehends.

Dann beschlossen wir, auf die Experten zu hören – denn welcher Berater will sich schon nachsagen lassen, selbst beratungsresistent zu sein? Also professionalisierten wir unser Auftreten im Netz: mit schicken Social-Media-Posts. Durchdacht, professionell designt, SEO-optimiert, maximal zielgruppenorientiert, marktaffin.

Die hoch spannende Konsequenz: Die Zahl der Follower und Likes stieg plötzlich deutlich langsamer und teilweise gar nicht mehr. Die Professionalisierung hatte also tatsächlich eine Stagnation zur Folge.

Das war auch eine der Erkenntnisse, die dazu führten, dass wir begannen, über Relevanz nachzudenken. Denn aus dem eher ungeplanten Selbstversuch konnten wir nun schließen, was Menschen - jedenfalls unsere Zielgruppe - im Netz anscheinend nicht sonderlich relevant finden: statistisch relevante Informationen, marktorientierte Aussagen mit allen wichtigen Keywords, knallhartes Business eben. Der durchdachte Marketingplan stieß auf wenig Gegenliebe. Zwar sank die Zahl der Follower nicht, scheinbar hatten wir es also nicht komplett falsch gemacht. Aber offenbar auch nicht so richtigrichtig. Gefühlt nahm die Professionalität etwas weg von unserer Ausstrahlung im Netz.

Bis wir das Problem erkannten: Wir wollten geliked werden. Wir hatten begonnen, unseren Erfolg im Netz an der Zahl der Likes zu messen - und damit gegen unsere eigene Überzeugung verstoßen. Relevanz im Netz erzeugt man nicht durch das, was auf den ersten Blick relevant ist. Denn davon gibt es im Netz schon mehr als genug. Oft ist es vielmehr das scheinbar Irrelevante, das die Menschen innehalten lässt. Das nicht direkt Umsatzrelevante.

Nicht das Schlaue, sondern das Spannende. Nicht das Glamouröse, sondern das Peinliche. Nicht das Übermenschliche, professionell Inszenierte, sondern das Menschliche, Defizitäre.

Andrew Cassidy ist kein Star geworden, weil er als Unerreichbarer etwas Unerreichbares geleistet hat, sondern weil er als »einer von uns« demonstriert hat, was jeder erreichen kann, mit dem Ball - und wenn es zehn Jahre dauert. Weil er eben kein Star sein wollte, sondern einfach nur an den Docks gekickt hat. Seine Relevanz entspringt seiner Irrelevanz.

Und dann hat er Glück gehabt. Das Glück, das mit Wahrscheinlichkeitsrechnung zu tun hat - nicht das ominöse Lebensgefühl, das eine ganze PR-Maschinerie ernährt. Letzteres knüpfen viele heute an die Zahl der Likes, und ihr ganzes Ego gleich mit. Anders als Andrew. Und anders als bei Andrew klappt es bei den meisten von ihnen eben nicht.

Das messbare Ego

Das Internet ist vieles, und eben auch ein Vergleichsmedium. Geschichten wie die von Andrew machen uns glauben, wir alle könnten online zu Stars werden, wenn wir nur die richtige Masche erfinden. Tatsächlich geht das in den wenigsten Fällen auf. Originalität hat nun mal die Eigenschaft, nicht kopierbar zu sein. Ein zweiter »dicker Maradona«? Höchst unwahrscheinlich. Selbst ein »dicker Roger Federer«, der Ähnliches mit einem Tennisball veranstaltet, hätte vermutlich schlechte Karten. Das Phänomen Andrew Cassidy ist geknüpft an Andrew Cassidy. Weil die echten viralen Stars eben nicht austauschbar sind, wie viele zu glauben scheinen. Weil es eben kein Patentrezept gibt.

Diese Erkenntnis führte zum nächsten Schritt unserer Überlegungen: Relevanz im Netz scheint also etwas mit der Persönlichkeit zu tun zu haben. Da ist ein öffentlicher Egotrip ein naheliegendes Unterfangen – aber »sich zeigen« und »Persönlichkeit zeigen« ist eben nicht dasselbe.

Besonders beim Thema Selfies gibt es an polarisierenden Experimenten keinen Mangel. Ob Ursula von der Leyens Top-Gun-Inszenierung mit einem Militärhubschrauber vor dramatischem Sonnenuntergang oder Veronica Ferres, die sich dabei fotografieren lässt, wie sie angeblich vor dem WM-Finale 2014 zwischen Argentinien und Deutschland demonstrativ ein (rohes)

argentinisches Steak verputzt: Wer sich um des Zeigens willen zeigt, muss auch mit negativen Reaktionen leben.
Keine Meldung demonstriert die Absurdität des Selfie-Wahns brutaler als die Fotos aus dem argentinischen Badeort Santa Teresita, die im Februar 2016 entstanden. Die Bilder zeigen, wie ein Pulk von Touristen ein gestrandetes Delfinbaby durchreicht wie eine Siegtrophäe. Einer hat es aus dem seichten Wasser gezogen, und nun geht es von Hand zu Hand. Einer nach dem anderen schießt ein Selfie mit dem putzigen Tierchen. Bis es stirbt. An Dehydrierung unter der heißen Sonne. Die euphorisierte Meute bekommt es nicht einmal mit. Auf einem YouTube-Video des Vorfalls hört man im Hintergrund mehrere Frauen rufen: »Gebt es zurück ins Wasser!« Niemand hört auf sie.
Warum tun Menschen das? Was ist so wichtig an einem Selfie-Motiv, dass man dafür ein seltenes Tier verrecken lässt? Und das Beispiel ist nur einer von unzähligen traurigen Höhepunkten der digitalen Selbstdarstellung. Es gibt Menschen, die fotografieren sich im Bett mit Lookalikes und behaupten dann, sie hätten mit einem Promi geschlafen. Ich, und ihr nicht!
Auch jenseits solcher Entgleisungen scheinen die Möglichkeiten des Internets den Drang in uns zu wecken, die Menschen, die uns »folgen«, zu betrügen. Auf die eine oder andere Art. Es aussehen zu lassen, als ob. Manche machen das so geschickt, dass man es ihnen gar nicht übel nehmen kann. Manche lügen, dass sich die Balken biegen – am liebsten mit Bildern, denn die lügen ja bekanntlich nicht.
Und das nennen wir dann »Vernetzung«?

Menschen, die täglich Bilder von ihrem Essen posten, werden bei mir entfreundet.

Natürlich tut niemand all das, um anderen auf die Nerven zu gehen. Geht es bei den Selfies, den Fotos vom Essen und den Urlaubsbildern mit Meerblick überhaupt wirklich um die Selbstdarstellung? Geht es tatsächlich um die Zahl der Likes? Glauben wir wirklich, dass wir wie bessere Menschen aussehen, wenn wir fürs Foto den Hintern auf dem Ferrari eines Fremden parken oder wenn wir mehr Follower ansammeln als der Konkurrent?

Uns scheint es, als gehe es dabei nicht in erster Linie ums Zeigen. Das tägliche Selfie, die Zahl der Likes und die Summe der Retweets dienen eigentlich einem ganz anderen Zweck: Es geht dabei ums Messen. Der Selfie-Wahn, das Follower-Sammeln und das Schielen auf die Like-Zahl zeugen eigentlich von einem Vergleichswahn.

Und der führt gerade nicht dazu, dass wir uns von anderen abheben. Das ging uns auf, als wir uns selbst dabei ertappten, dass wir die Likes unter unseren Posts zählten. Vielmehr sorgt das Messen dafür, dass wir mit der Masse aller anderen verschmelzen, die an diesem Spiel teilnehmen. Sich von morgens bis abends in Echtzeit mit anderen zu vergleichen, ist weder gesund noch aufrichtig. Social-Media-Benchmarks als Maßeinheit fürs eigene Ego zu betrachten, zeugt nicht von Persönlichkeit, sondern unterdrückt sie.

Wer sich ständig vergleicht, wird nicht anders, sondern vielmehr immer gleicher, jedenfalls nach außen. Ein Facebook-Post, der keinen Sinn transportiert, außer dass man irgendwo dazugehören will, nützt niemandem. Er dient nur der Selbstberuhigung: Ich bin dabei. Ich bin wer.

Denn was lässt uns denn auf die Likes schielen, wenn nicht der Drang, anderen gefallen zu wollen?

Das Gefallen-Wollen ist die eigentliche Suchtproblematik unserer Zeit, und das Internet lässt sie offen zutage treten. Je mehr wir uns nach oberflächlichen Trends richten, desto weniger Eigenes bringen wir in unsere Kommunikation und in unser Netzwerk ein. Theoretisch macht das Netz mehr Meinungen möglich – praktisch scheint es aber eher die Mehrheitsmeinung zu verstärken. Interessant ist es nur, wenn es ein Hype ist.
Die Vernetzungsmöglichkeiten von Social Media und anderen modernen Kommunikationstechnologien unterstützen beides: das Oberflächliche und das Spezielle. Doch jeder Hype wird vom nächsten überspült wie Fußabdrücke im Sand. Wenn wir wirklich Spuren hinterlassen wollen, kommen wir nicht umhin, tiefer zu graben.

CKR **Wie im richtigen Leben haben wir auch virtuell die Wahl, ob wir mitschwimmen oder gestalten wollen. Bei meinen Facebook-Kontakten beobachte ich beides.** CKR

Und das heißt: wirklich persönlich werden, anstatt uns an Personality-Benchmarks zu messen. Macht es uns wirklich glücklich, uns mit anderen zu messen? Gibt es nicht immer jemanden, der es besser kann, der besser aussieht und mehr Likes bekommt? Wo ist die Grenze? Wer kürt den Sieger?
Wenn etwas wirklich tödlich ist für das Ego, dann der Vergleich.

Das »Self« in Selfie

Nichts gegen Selfies, übrigens. Wir machen gern welche. Wir posten sie sogar. Geschockt? Nicht doch: Es gibt gute Gründe dafür, das Gesicht ab und an in die Kamera zu halten. Nämlich, und das war ein weiterer Erkenntnisschritt nach dem Erwachen, dass wir geliked werden wollten: Wenn das Foto wirklich uns zeigt, und nicht jemanden, der wir gern sein wollen. Wenn es wirklich etwas auszudrücken gibt.
Beispielsweise Freude: Als wir bei einem schönen Abendessen blitzartig die Eingebung zum Titel dieses Buches hatten, um den wir schon seit Monaten gerungen hatten, posteten wir bei Facebook ein Foto von diesem Moment. In unseren Gesichtern sieht man Freude und auch ein Stück Erleichterung. Das Bild drückt etwas aus, das diejenigen berühren wird, die uns kennen und verstehen, was dahintersteckt. Unser Netzwerk, das unserer Entwicklung im echten Leben folgt.
Sie merken schon: Wir haben die professionelle Schiene im Online-Marketing nicht aufgegeben, aber wir haben gelernt, sie zu brechen. Unsere Social-Media-Kampagne mag schön sein, aber nicht so schön wie die Freude über einen echten Relevanzmoment in unseren unprofessionell ausgeleuchteten, nicht Photoshop-optimierten Gesichtern. Professionell sind auch andere. Bühnenfotos und Backstage-Schnappschüsse von Events macht jeder in unserem Business. Aber diesen Moment gibt es nur einmal. Sabine und Carsten auch. Und obwohl wir in dem Post erwähnen, dass wir gerade feiern, haben wir darauf verzichtet, Nahrungsmittel abzubilden. Gern geschehen.

Social Media versus Social Living

Worum geht es denn bei der Kommunikation mit dem Netzwerk? Wozu haben wir überhaupt ein Netzwerk? Was ist der Sinn und das Ziel von Vernetzung?
Unsere Antwort auf alle drei Fragen ist eigentlich dieselbe: Es geht ums Leben. Nicht mehr und nicht weniger.
Diese Feststellung hat uns auf der Suche nach einer Strategie für unsere Social-Media-Aktivitäten einen großen Schritt vorangebracht. Auch auf der Suche nach einem Heilmittel gegen die Digitalermüdung und die Überforderung mit der Informationsgesellschaft.
Denn wir haben uns folgende Fragen gestellt:

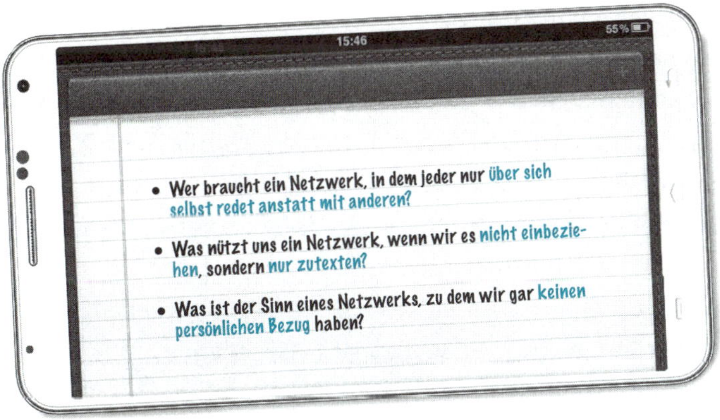

Die Entwickler der Plattformen und Apps wird es freuen, dass ein immer größerer Teil vieler Leben tatsächlich vor Bildschirmen stattfindet. Früher waren wir »chained to the office«, heute sind wir »chained to the screen«. Aber muss man das »social« in »Social Media« denn immer gleich so interpretieren, dass die virtuelle Präsenz als Lebensersatz herhält?

Eigentlich sollten die Netzwerke das wahre Leben nicht überflüssig machen, sondern bereichern. Und in dieser Feststellung steckt die einzige Netzwerk-Strategie, die wir brauchen: Relevant ist, was zum Leben gehört. Relevant sind wir online, genauso wie offline, wenn wir persönlich werden. Wenn wir uns anderen zeigen, um uns zu öffnen. Nicht um etwas zu imitieren, das wir gar nicht sind. Ein Netzwerk sollte fürs Leben da sein, nicht umgekehrt.

»Social« ist ein Wort, das auf Lebensumstände und Lebensweisen verweist, nicht auf digitale Darstellungsformen. Klar findet Leben heute auch digital statt, oder ist zumindest ins Digitale hinein verlängert. Und das eröffnet uns großartige, neue Möglichkeiten, die jeder auf seine Weise nutzen darf und nutzen kann. Doch bei »social«, ob analog oder digital, geht es immer noch ums Zusammenleben, nicht ums Zutexten. »Social« fragt immer noch danach, wie wir leben wollen. Und das Leben ist mehr als die Summe unserer Schnappschüsse, oder?

Das Recht auf Erinnerung — und Vergessen

Wenn wir unsere Netzwerke als Schnittmenge von Persönlichkeiten verstehen, wird es erst wirklich interessant. Denn dann findet zusammen, was zusammengehört - und trennt sich, was nicht zusammenpasst.

CKR **Kürzlich hat mich ein alter Freund online wiedergefunden, mit dem ich einmal drei Jahre lang Tennis gespielt habe. Als ich seine Nachricht sah, war ich erst einmal erschrocken, denn ich habe mich tatsächlich nicht mehr an ihn erinnert. Ich hatte vergessen, dass dieser Mensch mal in meinem Leben war. Er schickte mir Bilder von damals, von Momenten auf dem Tennisplatz, die in meinem Hirn unwiederbringlich verloren waren. Facebook hat mir auf diese Weise schon etliche Jugenderinnerungen zurückgegeben. Es ist ein digitales Gedächtnis.** CKR

Die sozialen Netzwerke können Erinnerungen zurückbringen und in unserem Leben halten, die uns sonst entglitten wären. Damit ermöglichen sie uns nicht zuletzt auch eine nachträgliche Relevanzprüfung von Erlebnissen und Menschen, die wir schon vergangen glaubten. Selbstreflexion durch gemeinsame Erinnerungen: Da ergibt das »social« in »Social Media« wirklich Sinn.

Das kann natürlich auch bedeuten, dass wir uns durch Facebook wieder daran erinnern, warum wir jemanden vergessen haben. Warum jemand irgendwann so gar nicht mehr in unser Leben passte und gern in der Vergangenheit bleiben kann – weniger relevant für die gegenwärtige Lebensphase, aber dafür oft umso unterhaltsamer.

SH **Einige Schulkameraden organisierten vor Kurzem ein Jahrgangstreffen. 30 Jahre nach unserer gemeinsamen Zeit. Ohne Social Media wäre das vermutlich ein Ding der Unmöglichkeit gewesen.**

Schon am Vorabend des Treffens saß ich mit einer ehemaligen Schulfreundin zusammen, und wir erinnerten uns an einige Jungs, mit denen wir damals ausgingen. Fragten uns, was wohl aus ihnen geworden sein mochte. »Schauen wir doch einfach mal nach«, sagte ich, und wir begannen, sie online zu suchen. »Könnte der heute was mit Pferdesport zu tun haben? Nein, das kann er nicht sein«, verwarf ich einen Namensvetter des ehemaligen Bekannten. Und so ging das weiter — ein Heidenspaß. Als wir sie am nächsten Tag dann tatsächlich wiedertrafen, merkten wir schnell: Diese Männer passten so gar nicht mehr zu den Frauen, die wir geworden waren. SH

Das Recht auf Erinnern und das Recht auf Vergessen: Das ist es wohl, was wir Entwicklung nennen. Beides ist Teil unserer persönlichen Relevanzexpedition. Wir binden Menschen an uns und verabschieden uns von anderen. Dass die Lebenslinien einige Zeit parallel zueinander verlaufen sind, heißt noch längst nicht, dass man tatsächlich genug gemeinsam hat, um ein ganzes Leben zu teilen. Die Vernetzung ermöglicht uns jedoch, die Relevanzentscheidung über die Verbindung zu einem Menschen auch nach Jahrzehnten bewusst zu treffen, statt sie dem Schicksal zu überlassen. Was könnte sozialer sein?

Klicks kann man kaufen, Relevanz nicht

Die Wiederentdeckungen vergangener Bekanntschaften im Netz stieß uns auf eine weitere Frage: Wann finden wir eine Persönlichkeit wirklich interessant? Nicht »man«, sondern wir ganz persönlich? Was fesselt unsere Aufmerksamkeit? Was hat dieser Mensch, das andere nicht haben - oder nicht zeigen?

Und tatsächlich glauben wir, dass wir für uns persönlich eine Antwort gefunden haben: Es sind Facetten seiner Persönlichkeit, mit denen wir bei diesem Menschen - bekannt oder unbekannt - nicht gerechnet hätten. Beispiele dafür finden sich am häufigsten, aber nicht nur, im Netz.

Da wäre zum Beispiel der Klassiker im doppelten Sinne: Paul Potts, der erste Gewinner der Castingshow *Britain's Got Talent*, der durch die Show zum Weltstar wurde - und das, obwohl alles dagegen sprach: ein unattraktiver Handyverkäufer und Hobby-Tenor im billigen Anzug. Als er bei seinem ersten Fernseheauftritt in der Show auf die Bühne kam, waren im Publikum sogar vereinzelte Lacher zu hören - offensichtlich aufgrund seiner Erscheinung.

Wenige Minuten später hatten die meisten Zuschauer Tränen in den Augen. Weil Verpackung und Inhalt nicht zusammenpassten: Wie kann ein solcher Niemand eine solche Schönheit ausstrahlen, wenn er den Mund aufmacht, um zu singen? Es war die erste große Überraschung der Castingshow-Geschichte, und gleichzeitig einer der ersten viralen Hits überhaupt. Konzept: singender Underdog.

Selbst bekannte Menschen werden manchmal erst so richtig spannend, weil sie uns überraschen. Die Theologin Margot Käßmann ist so ein Mensch: Ihre Alkoholfahrt und der offensive

Umgang mit ihrem Fehltritt machen sie vor einem breiten Publikum erst so richtig bekannt. Ihre Trittfestigkeit in diesem medial aufgeblasenen »Skandal« ließ sie für viele sogar zu einem größeren moralischen Vorbild werden, als sie es als Theologin je gewesen war. Die Facette der Fehlbarkeit hat sie in ihrer herausgehobenen Rolle menschlicher gemacht, und dadurch interessanter.

Brüche im Lebenslauf, diese Relevanzmomente, die wir selbst manchmal als Scheitern empfinden – sie machen unsere Storys spannender.

Und dann Andrew, der übergewichtige Arbeitslose mit der Vokuhila-Frisur und der traurigen Geschichte – und diesem Talent, das so gar nicht zu seiner Erscheinung passen mag.

Sein Erfolg, und der vieler anderer »unwahrscheinlicher Stars«, täuscht über eines hinweg: Es passiert keineswegs ständig, dass Menschen einfach so »viral werden«, zu Stars über Nacht. Statistisch betrachtet ist die Wahrscheinlichkeit immer noch wahnsinnig gering. Die meisten viralen Hits sind Kampagnen, die gezielt gemacht werden – indem Unternehmen viel Geld dafür in die Hand nehmen, etwas zufällig aussehen zu lassen, das in Wahrheit geschickt platziert ist.

Im Netz wird uns vieles als »für Sie relevant« angeboten – auch Produkte und Dienstleistungen. Glauben Sie, die würden sich wirklich an Relevanz orientieren? Leider nein, oder zumindest nicht immer: Der Klick, den Sie jetzt vielleicht machen, ist möglicherweise gekauft. Wenn Sie zum Beispiel online ein Hotel suchen, sind die vermeintlich relevantesten Ergebnisse, also die ganz oben auf der Seite, nicht etwa Angebote dieses Hotels, sondern die eines sogenannten Online Travel Agents. Die Online-Hoheit über die Wahrnehmung eines Hotels im Netz hat also nicht etwa das Hotel selbst, sondern die Buchungswebsite, die am meisten Geld dafür bezahlt hat, die gleichen Keywords zu belegen, mit denen auch das Hotel arbeitet. Und wenn die Fotos »echter Hoteltester«, die auf diese Weise ganz oben in den Suchergebnissen landen, verwackelte Handy-Aufnahmen in miserabler Qualität sind, dann hat der Hotelier eben Pech gehabt. Und das gilt natürlich nicht nur für Hotels. Vieles im Netz, das echt aussieht, muss deshalb noch längst nicht echt sein. Doch die authentischen Geschichten, die von Andrew zum Beispiel, gehen meist aus einem Grund durch die Netzwerke und binden Menschen an ihren Urheber: unerwartete Facetten, die sich jeglichem Vergleich entziehen und die ganz normale Menschen aus der Masse heben oder herausgehobene Menschen ganz normal aussehen lassen.

Klicks kann man kaufen. Relevanz nicht.

Auf dem Weg zum Relevanznetz

So ist es doch auch im Business oder bei privaten Bekanntschaften: Wir vernetzen uns, kaum dass wir zum ersten Mal Hände geschüttelt haben, um das Unbekannte im Bekannten zu erkunden. Um mehr von jemandem zu sehen, den wir oberflächlich schon zu kennen glauben. Um herauszufinden, welche Relevanz dieser Mensch haben könnte - menschlich, kommerziell, spirituell, wie auch immer. Und wenn wir das nicht finden, dann vergessen wir den Kontakt oder »entfreunden« uns wieder.

Obwohl - oder gerade weil - das Gedächtnis des Internets fast unendlich ist, ist unsere größte Angst als Vernetzte: vergessen zu werden. Irrelevant, weil wir uns nicht abzuheben vermögen. Zwei Strategien sollen das verhindern: Der Vergleich, das maßlose Messen, ist die eine.

Die andere heißt Mut. Relevanz, im Netz genauso wie im Leben, entsteht aus dem Mut, sich zu zeigen, wie man ist. Meinungen derjenigen auszuhalten, denen das nicht gefällt; Follower gehen zu lassen, die sich damit nicht identifizieren können. Erst dann ergibt das »social« in Social Media wirklich Sinn – weil wir aufrichtig sind, anstatt uns zu messen.

Dann wird aus einem Netzwerk ein Relevanznetz. Und das ist es, was wir uns wünschen, als Unternehmer genauso wie als Privatmenschen. Denn unsere Netzwerke sollten dazu da sein, uns auf unserer Relevanzexpedition zu begleiten.

Das hat übrigens auch viel damit zu tun, warum es dieses Buch gibt – und warum wir es so und nicht anders geschrieben haben. Es gibt auch für uns ein Leben jenseits der Arbeit. In erster Linie sind auch wir Menschen. Wir mögen viele Rollen haben, darunter viele professionelle, aber wir sind in all diesen Rollen auch einfach Sabine und Carsten. Wir könnten so tun, als wäre das irrelevant für das, was wir tun. Wir könnten uns darauf beschränken, Ihnen all die Theorien, Strategien und Methoden auszubreiten, auf die wir uns berufen und die wir in unsere Arbeit einbeziehen. Wir könnten behaupten – in den Netzwerken oder in diesem Buch –, dass wir uns als Experten interesselos, steril und wertfrei mit Ihnen auseinandersetzen, als wären Sie oder Ihr Unternehmen eine Petrischale und wir die weißbekittelten Wissenschaftler, die keinerlei Unterschiede machen.

Aber damit würden wir Ihnen etwas vormachen. Wir lieben Unterschiede, und wir stehen auf Werte. Wenn Sie unsere Bücher lesen, uns als Redner buchen oder irgendwie mit uns in Verbindung treten, dann haben Sie es mit zwei Menschen zu tun, die ihre Meinungen und Brüche und Facetten haben wie jede andere Persönlichkeit auch. Deshalb lesen Sie in diesem Buch viele

Dinge über uns, die Sie in einem Sachbuch zweier Managementberater/Vortragsredner/Experten/... vielleicht nicht unbedingt erwarten würden. Persönliche Dinge, die auf den ersten Blick vielleicht nichts mit dem zu tun haben, was Sie suchen oder sich erhoffen.

Auf den zweiten Blick aber möglicherweise schon. Relevanz entsteht oft auf den zweiten Blick. Oder haben Sie Ihren Partner im Katalog bestellt? Ihren Beruf nach maximalem Desinteresse ausgesucht? Stehen Sie Ihrer Schwiegermutter emotional vollkommen neutral gegenüber?

So gesehen ist auch dieses Buch ein soziales Medium. Jedenfalls wünschen wir uns das. Vielleicht nehmen Sie es sogar mit ins Bett. Mehr »social« geht nicht.

Wie wäre das, um den Netzwerk-Stress ein wenig zu reduzieren: Vielleicht müssen wir uns gar nicht so viele Gedanken darüber machen, wie wir in unseren Netzwerken dastehen. Vielleicht reicht es, wenn wir uns einfach ganz genau so, wie wir sind, zur Verfügung stellen und andere entscheiden lassen, was an uns für sie relevant ist.

Unser Eindruck ist: In einer Welt, in der die meisten darauf bedacht sind, sich schadlos zu halten, fallen die auf, die sich öffnen. Die nicht darauf pochen, glücklich zu sein in einem Meer der Glückseligkeitsselfies, wenn sie es gar nicht sind. Die kicken, um zu kicken, nicht um damit Aufmerksamkeit zu erregen. Die die Benchmarks Benchmarks sein lassen und sich lieber dem Leben stellen, als sich darzustellen.

So wie der Hollywood-Schauspieler und Regisseur Steve Buscemi, der früher einmal Feuerwehrmann war. Nach den Terroranschlägen vom 11. September 2001 ging er, fassungslos wie viele, durch die Ruinen am Ground Zero und traf auf Angehörige seiner früheren Brigade. Er zögerte nicht lange, sondern zog sich eine Uniform an und arbeitete eine Woche lang mit seinen alten Kameraden in Zwölf-Stunden-Schichten, um zwischen den Trümmerteilen, in giftigen Rauch gehüllt, nach Überlebenden zu suchen. In diesen Tagen wollten viele, die ihn erkannten, ein Foto oder ein Interview mit ihm machen. Er lehnte alles ab. Er war zum Arbeiten da, nicht für die Publicity.

Trotzdem wissen wir davon, weil das Netz davon weiß.

Ist es nicht ein Stück weit naiv, zu glauben, wir könnten die öffentliche Meinung über uns heute wirklich noch grundlegend steuern?

Schön leben:
Stil

Wie wirke ich?

Die Farben der Saison

Drei Männer sitzen auf einer niedrigen Steinmauer in Berlin-Kreuzberg. Mitten im Wrangelkiez, einem Epizentrum der Gentrifizierung. Airbnb werden die Unterkünfte in diesem Stadtteil aus den Händen gerissen, denn der Wrangelkiez ist so was von in Mode. Früher war die Gegend tatsächlich ein Biotop für die echten Berliner Typen, die Künstler, die Lebenskünstler, soziale Experimente. Heute lockt das Gebiet, das auch unter dem Kürzel SO36 bekannt ist, jene Touristen an, die genau dafür nach Berlin kommen, für das »echte Hauptstadtleben«. Und dafür mit reichlich Klischees bestraft werden. Die Bars und Restaurants haben sich längst auf die Touristen eingestellt. Der klassische Kreuzberger Absturz in schrulligen Eckkneipen ist hier nur noch schwer zu haben. Wo Kreuzberg früher ein echtes Multikulti-Experiment war, ist es heute ein Mekka von »Food Art« und »Street Art« der etablierten Sorte. Die Etiketten sind geblieben, der Inhalt ist oft fragwürdig. »Authentisch« ist hier nicht mehr viel – und nur noch wenige. Der Stilmix der Einwohner ist auch nicht mehr das, was er mal war. Gefühlt jeder Zweite sieht hier aus wie ein Hipster, auch die, die es gar nicht sind. Uniform in etwas zu kurzen Hosen und Zehenschuhen. Hier gibt es mehr Bärte als auf einer Weihnachtsmesse.

Mittendrin die drei Männer auf der niedrigen Mauer. Einer davon trägt einen grün melierten Anzug und ein scheinbar frisch gebügeltes Hemd. Wenn hier noch einer SO36 ist, dann wahrscheinlich er, in seinem vollkommen unpassenden Quasi-Business-Dress. Und er ist stolz darauf, dass er auf den ersten Blick aussieht wie ein Versicherungsvertreter aus den 90ern. »Das Aussehen ist entscheidend, um als Persönlichkeit anerkannt zu werden«, doziert der Mann Anfang 50. Und dann lächelt er, und der Betrachter stellt fest: Ihm fehlen die Vorderzähne. Erst auf den zweiten Blick wird klar: Hier handelt es sich nicht um einen verirrten Style-Guru aus einer fernen Zeit in fragwürdiger Begleitung. Sondern um einen Obdachlosen. Einen Obdachlosen im Anzug.

Der Mann ist stolz darauf, dass er sich abhebt in seinem Umfeld. Er hat eine Methode entwickelt, das Hemd im Obdachlosenheim so über die Heizung zu drapieren, dass es aussieht wie frisch gebügelt.

Als sich ein Van nähert und vor den drei Männern zum Stehen kommt, stellen sie ihre Bierdosen beiseite. Zeit fürs Shopping. Plötzlich herrscht großes Gedrängel. Die Plastiktüten der Männer füllen sich, die Wäschekörbe auf der Ladefläche leeren sich. Die Frau von der Kleiderkammer hängt dunkle Anzüge an die Türen des VW-Busses.

Der Anzugträger ist enttäuscht – nur dunkle Jacketts. Ob sie ihm nächste Woche nicht einen hellen Anzug mitbringen könne, fragt er die Mitarbeiterin der Kleiderkammer. Dann spricht er wieder über Stil: »Ich bin auf helle Sachen inspiriert«, sagt er, und: »Ich will die Tradition beibehalten.«

Womit er wohl sein altes Leben meint, als er noch in Arbeit und immer gepflegt unterwegs war.

Von diesem Leben ist nichts mehr übrig geblieben. Job, Frau und Wohnung sind ihm vor Jahren abhandengekommen. Die Bedeutung, die er seinem Aussehen beimisst, ist geblieben. Seine Kleidung,

seine Wirkung, das Rudiment eines Stils in hellen Farben ist der einzige gestaltbare Faktor, mit dem er noch steuern kann, wie andere ihn wahrnehmen. Ein Stück weit. Ein Stück, das ihm viel bedeutet.
Die Kleiderkammer macht's möglich – auch für ihn, den Obdachlosen.

Der Mann ist einer von fast 30 Millionen. So viele Menschen in der deutschsprachigen Bevölkerung stimmten einer Statistik aus dem Jahr 2015 zufolge voll und ganz der Aussage zu: »Ich lege großen Wert darauf, immer gepflegt auszusehen.« »Voll und ganz«, das ist der Maximalwert. Die Angaben »Trifft zu« und »Trifft meist zu« sind hier noch nicht mitgerechnet. Nimmt man sie hinzu, bleibt nur noch eine verschwindend geringe Zahl von Menschen in Deutschland übrig, denen es nicht sonderlich wichtig ist, welchen Eindruck sie mit ihrem Auftreten hinterlassen. Sagen sie jedenfalls.

> CKR **Mein Vater sagte mir ganz am Anfang meiner beruflichen Laufbahn: Kleide dich für den Job, den du willst — nicht für den, den du hast.** CKR

Darüber, dass die Wirkung bedeutsam ist, herrscht weitgehend Einigkeit. Da scheint es auch wenig verwunderlich, dass viele von uns einen gewissen Hang zur Uniformität haben. Zwar sagt nur etwa jeder Zehnte, ihm sei es wichtig, immer im Trend zu sein – doch schauen Sie sich mal um im Wrangelkiez. Hier, wo es mal ganz normal war, sich einen Teufel um Konventionen zu scheren, sind die Insignien des Hipstertums zu einer regelrechten Uniform geworden.

Auf eine bestimmte Art und Weise wirken zu wollen, um von anderen auf eine bestimmte Art und Weise wahrgenommen zu werden: Niemand von uns ist davon frei. Niemand. Nur die Strategien unterscheiden sich. Wie groß der Wert ist, den wir Aussehen, Schönheit oder Mode beimessen, ist individuell verschieden. Doch wichtig ist es uns allen – wir ziehen nur sehr unterschiedliche Schlüsse daraus.
Während wir uns Gedanken darüber machen, welche Schlüsse wir für uns persönlich ziehen, sind wir mit einer ganz konkreten Stilfrage beschäftigt: Gerade richten wir das RichtigRichtig-Restaurant in Frankfurt ein, einen Ort, der unsere Marke erlebbar macht – Ausstrahlung zum Anfassen. Das Restaurant soll die Wirkung von RichtigRichtig.com auf den Punkt bringen, es soll Ihnen zeigen: Das ist unser Stil. Und deshalb behandeln wir es genau so, wie wir auch als Menschen unseren persönlichen Stil entwickeln: Wir füllen es mit Leben. Mit Dingen, die typisch für uns sind. Stil lebt von Symbolik, und die charakterisiert auch das Restaurant. Zum Beispiel gibt es dort eine bunte Erinnerungswand, die behängt ist mit Do-Not-Disturb-Schildern, die wir in Hotels rund um den Globus gesammelt haben. Es gibt ein Regal mit unseren Lieblingsbüchern, und natürlich mit unseren eigenen. Auf der Karte stehen Gerichte, die wir selbst lieben. Und Sie werden dort von Mitarbeitern bewirtet, die die RichtigRichtig-Prinzipien für herzlichen Service leben. Weil das unser Stil ist.
Stil ist eben nicht nur das Sichtbare, nicht nur Mode und Schönheit. Unser Stil zeigt anderen, wer wir sind. Und deshalb lohnt es sich, ihn von beiden Seiten zu beleuchten – von innen, aber auch von außen.

»How hot« bin ich eigentlich?

Der Gipfel des Spiegelbildwahns ist – nein, nicht die Selfie-Kultur. Sondern die App und Website *howhot.io*. Hier kann jeder Fotos von sich oder anderen hochladen, und ein Algorithmus bestimmt die Attraktivität auf einer Skala von »Hmm« bis »Godlike«.

Da ist der Hinweis schon fast beruhigend, dass es »künstliche Intelligenz« ist, die hier die Urteile fällt – so bleibt uns eine Ausrede. Und dennoch: Wenig ficht uns so direkt an wie ein Verriss unseres Aussehens. Darauf sind wir programmiert. Wir können kaum etwas daran ändern – mit graduellen, größtenteils angeborenen Unterschieden.

Kein Wunder also, dass die Website mit dem gleichen Hinweis wie die Produzenten von Alkohol zu einem verantwortungsvollen Umgang mahnt: »Enjoy howhot responsibly!« Sogar die Bitte, man möge die Ergebnisse nicht zu ernst nehmen, haben die Schweizer Betreiber hinzugefügt.

Und wir wollen keinen Hehl daraus machen: Auch wir haben so lange Bilder hochgeladen, bis wir »hot genug« waren. Zum Glück gibt es ja Optimierungsoptionen ohne Ende. Ein besseres Foto mit einem anderen Gesichtsausdruck, besser belichtet, stärker nachbearbeitet ... Irgendwie trickst man den Algorithmus am Ende aus.

Ja, wir sind beide sehr eitel, und wir haben gründlich darüber nachgedacht, warum das so ist. Wie bei allen Menschen hat es mit unserer Vergangenheit und unserer Gegenwart gleichermaßen zu tun. Und mit 50, wer will es leugnen, auch mit unserer Zukunft.

Schönheit ist, indirekt wenigstens, eines der 16 Lebensmotive nach dem Psychologen Steven Reiss. Jedes dieser Motive kann

ein starker Antrieb sein. Die eigene Persönlichkeit ergibt sich aus der Mischung; niemand trägt nur eines dieser Motive in sich, bei jedem von uns sind sie in unterschiedlichen Kombinationen und Intensitäten ausgeprägt. Und bei uns beiden ist das Motiv »Eros« – zusammen mit anderen – durchaus stark gewichtet. Das haben wir mit dem Großteil der Menschen gemeinsam, wie die oben zitierte Umfrage zeigt. Die Ausprägung von »Eros« gibt Auskunft über die Bedeutung von Sinnlichkeit im Leben eines Menschen, es umfasst alles, was mit Sinnlichkeit zusammenhängt: neben der Schönheit etwa auch Design, Kunst, eben alles sinnlich Erfahrbare – ungefähr das, was in der Welt des Konsums unter »Lifestyle« zusammengefasst wird. Das Motiv »Eros« konstituiert daher in hohem Maße unseren persönlichen Stil, oder zumindest: wie wichtig wir ihn nehmen.
Wenn Sie, bevor Sie das hier überhaupt lesen, schon Ihre besten Bilder gesammelt und dem »howhot«-Test unterzogen haben, ist das ein erster Hinweis darauf, dass das Motiv »Eros« bei Ihnen auch einen recht hohen Stellenwert hat.
Die Frage ist unserer Meinung nach heute nicht mehr, ob unsere Wirkung uns wichtig ist. Sondern was wir aus dieser Erkenntnis machen. Wie wir Stilfragen in unsere Lebensgestaltung einbeziehen. Wir können das unbewusst tun, indem wir passiv Trends folgen und fragen: Wie will ich wirken? Dann können wir allerdings auch gleich ehrlich sein und uns fragen: Wem will ich ähneln? Oder wir können den Stil persönlich machen, indem wir ihn aktiv ins Leben integrieren und uns fragen: Wie wirke ich *eigentlich* – und wie kann ich meine individuelle Wirkung positiv verstärken und nutzen?
Zum Relevanzfeld wird Stil erst, wenn er nicht bei Äußerlichkeiten stehen bleibt. Wenn wir das Außen mit dem Innen in Bezie-

hung setzen, wie das Wort »Ausstrahlung« es nahelegt. Indem wir uns fragen, was es ist, was da *von innen nach außen strahlt*.

Aus Erfahrung stilsicher

Eine erste mögliche Antwort auf die Frage, was von unserem Inneren nach außen wirkt, zumal mit zunehmendem Alter: die eigene Vergangenheit.

> CKR **Als Jugendlicher hatte ich viele Komplexe. Wie die meisten definierte ich mich vor allem über andere. Als ich mit dem Tennis anfing, spielte ich jahrelang nur in langen Hosen. Sogar bei Affenhitze. Weil ich meine Beine für zu dünn hielt. Als ich auf dem Platz die ersten Erfolge feierte, änderte sich das. Da fing ich zum ersten Mal an, mich klar mit einem bestimmten Stil zu identifizieren. Zu dem gehörte ein ausgeprägter Körperkult. Die Tennisstars dieser Zeit, vor allem Stefan Edberg und Ivan Lendl, waren nicht zuletzt Stilikonen.** CKR

Was damals noch keine Selbstverständlichkeit war, ist heute ein Massenphänomen: Nicht nur was wir am Körper tragen, sondern auch der Körper selbst sagt laut medialer Einheitsmeinung sehr viel darüber aus, wo wir im Leben stehen. Wer sich nicht fit hält, macht sich heute der Faulheit und ungesunden Lebensweise verdächtig. Früher konnte man den Menschen ihre Berufe oft ansehen, heute sieht manche Bäckereifachverkäuferin aus wie ein Supermodel, und mancher Buchhalter wie die nächste Inkarnation von Superman.

SH **Ich war schon immer extrem auf mein Aussehen bedacht. Das kommt nicht zuletzt daher, dass ich als Kind übergewichtig war. Mit 14 nahm ich stark ab, und von da an ließ ich es krachen. Zum Beispiel hatte ich eine Popper-Phase, mit der dazugehörigen Frisur, den typischen Lacoste-Klamotten und der obligatorischen Vespa. Aus heutiger Sicht hatte ich damals einen fürchterlichen Geschmack.** SH

So wie wir beide in jungen Jahren begannen, über unsere Wirkung nachzudenken, tun es die meisten: Ohne eine gewisse Lebenserfahrung ist Stil in erster Linie eine Nutzenerwägung. Junge Menschen demonstrieren über ihr Äußeres vor allem Zugehörigkeit. Der Versuch, anders auszusehen als alle anderen, endet oft in einer unfreiwillig komischen Uniformität: Die freche Punk-Göre ist in Wahrheit genauso unsicher wie alle anderen pubertierenden Mädchen, in ihrer Bemühung um Abgrenzung vielleicht sogar mehr. Sie folgt nur anderen Ikonen als die Püppchen-Fraktion, die schon beim Abiball im Chanel-Kleid aufschlägt, um klarzustellen, in welcher Schicht sie sich zukünftig zu verorten gedenkt. Aber wehe, eine andere hat das gleiche Kleid an ...

Im Bemühen um Abgrenzung Konventionen folgen: Das ist einer der vielen Irrwege in Stilfragen, denen wir erst mit einer gewissen Erfahrung aus dem Weg zu gehen lernen.

Einen wirklich eigenen Stil entwickeln wir erst, wenn das Leben uns ein gewisses Maß an Weisheit gelehrt hat. Wenn wir mehr darüber wissen, wer wir wirklich sind, was zu uns passt und was nicht. Der Stil, der aus der Erfahrung kommt, geht weit über Äußerlichkeiten hinaus.

Seit unserer Jugend haben wir beide so einige Modewellen kommen und gehen sehen. Außerdem haben wir am eigenen Leib die eine oder andere Wellenbewegung miterlebt – bitte, nehmen Sie das nicht allzu wörtlich. Was wir meinen, ist: Wir sind durch verschiedene Lebensphasen gegangen, die ihre Spuren hinterlassen haben. Auch das ist bitte nicht unbedingt wörtlich zu nehmen ... Mit den Jahren und der Erfahrung hat sich unsere Wirkung verändert – und mit ihr die Aspekte unserer Persönlichkeit, die wir bewusst nach außen tragen.

[CKR]**Früher glaubte ich, ich brauche eine bestimmte Kleidung, um als Persönlichkeit zu wirken. Heute setze ich Outfits ein, um meine persönliche Wirkung zu unterstreichen. Ich verkleide mich nicht mehr, um mich anzupassen. Aber ich brauche auch kein Kostüm mehr, um aufzufallen.**[CKR]

[SH]**Als Mädchen diente mir Kleidung vor allem dazu, meine Unsicherheit zu verbergen. Damals habe ich mich oft »verkleidet«. Heute darf man meine Kleidung wörtlich nehmen — als Spiegel meiner Stimmungen. Erwachsene Menschen, die sich verkleiden, machen mich misstrauisch.**[SH]

Was ist Stil?

Es gibt ein Wort, das sehr prägnant ausdrückt, was wir an besonderen Menschen bewundern: »stilecht«. Aber wann ist Stil echt? Welche Wirkung haben diese Menschen auf uns, die oft als Ikonen bezeichnet werden?

Wir glauben: Stil ist, wenn es eine hohe Deckung gibt zwischen dem, was wir sind, und dem, was wir ausstrahlen. Stil ist, wenn die Wahrnehmung unserer Persönlichkeit kongruent ist mit unserem Auftreten.

Und stimmig, das heißt: ein Ausdruck von gefühlter und gelebter Relevanz. Das ist stilecht. Wie weit die künstliche Intelligenz es auch bringen mag: Stilgefühl in diesem Sinne wird sie wohl nie messen können. Und tschüss, howhot.io. Sie können die App jetzt wieder löschen – es sei denn, Sie wollen noch jemanden ärgern ...

Stil ist ein so komplexes Thema, weil er so vieles beinhaltet. Das geht schon beim Begriff los: In der Kommunikation ist Stil die Art und Weise, wie jemand spricht oder schreibt. In der Kunst ist Stil die typische Ausdrucksform einer Epoche oder eines Künstlers. In der Mode stimmt diese Definition auch und bezieht sich auf jedes Detail: Farben, Schnitte, Stoffe ...

Egal, in welchem Zusammenhang wir das Wort »Stil« verwenden und worauf es sich bezieht: Um eine Ausdrucksform geht es dabei immer. Stil haben bedeutet: die persönlichen Ausdrucksmittel nutzen, um zu wirken.

Stil ist, wie wir uns nach außen zeigen – mit allem, was wir sind und was wir haben.

Eitel oder professionell?

Wir sind in besonderer Weise mit Stilfragen konfrontiert, bevor wir für einen Vortrag auf die Bühne gehen. Zwei eitle Menschen, die regelmäßig vor Publikum sprechen, und das auch noch oft gemeinsam: Da scheinen Komplikationen vorprogrammiert.

Tatsächlich ist genau das Gegenteil der Fall: Unsere Wahrnehmung von Äußerlichkeiten und unsere Eitelkeiten greifen vielmehr verblüffend gut ineinander. Wenn einer von uns beiden sich nicht wohlfühlt und deshalb mal unleidlich ist, hat der andere dafür Verständnis. Weil wir beide wissen: Wir müssen uns wohl in unserer Haut und unseren Kleidern fühlen, um entspannt auf die Bühne zu gehen und uns von unserer besten Seite zu zeigen.

Einmal haben wir im Bemühen darum so richtig den Vogel abgeschossen. An diesem Abend sind wir für eine Firmenveranstaltung in einem Hotel als Redner gebucht. Kurz vor unserem Auftritt platzt der männlichen Hälfte dieses Duos der Reißverschluss. Was tun? Schnell besorgt Sabine eine Sicherheitsnadel von der Rezeption, und wir machen uns auf den Weg zu den Toiletten. Auf der Herrentoilette ist zu viel los, also gehen wir in die leere Damentoilette. Dort schickt sich die Dame sogleich an, das Malheur zu beheben. Unvermeidlich natürlich, dass sie dabei vor dem Herrn kniet, der mit dem Rücken zur Tür steht.

Wenn dies eine amerikanische Komödie wäre, wüssten Sie, was jetzt geschieht. Und genau so kommt es auch: Die Tür geht auf, und herein kommt die Geschäftsführerin der Firma, die uns gebucht hatte. Und sieht uns in dieser Pose: Sabine kniend vor Carsten, mit den Händen an seinem Hosenstall. Sie können sich vorstellen: Sie macht auf dem Absatz kehrt und ist sehr schnell wieder draußen.

Wir sehen sie wenig später von der Bühne aus in der ersten Reihe wieder. Mit einem süffisanten Grinsen im Gesicht. Wir können es ihr nicht verdenken.

Auch wenn es mal nicht funktioniert: Dass wir uns – auch optisch – von unserer besten Seite zeigen wollen, halten wir schlicht für professionell. Wir glauben, dass die meisten Kunden das von uns erwarten. Eine stimmige Ausstrahlung wird bei einem Redner einfach vorausgesetzt, das ist für uns eine Frage der Glaubwürdigkeit. Welchen Eindruck würde ein Redner machen, der sein Rockstar-Image mit einem Buchhalter-Outfit konterkariert? Wer möchte von einem Chefarzt in Jogginghosen behandelt werden? Wer nimmt einen Experten für Charisma ernst, der sich anzieht wie sein eigener Großvater? Was wäre Karl

Lagerfeld ohne seinen silbernen Pferdeschwanz und die Sonnenbrille? Natürlich kann man Menschen wie ihn als eitel bezeichnen, als selbstverliebt und oberflächlich. Schließlich kommt es nicht auf die Verpackung an, sondern auf den Inhalt. Und zweifellos liegt Schönheit sowieso immer im Auge des Betrachters.

> CKR **Eine Hausdame hat mal zu mir gesagt: Den Stil eines Gasts erkenne ich, wenn er das Zimmer verlassen hat.** CKR

Doch es wäre naiv, zu glauben, wir könnten mit unserer schieren Persönlichkeit die Mechanismen des Gehirns aushebeln. Äußerlichkeiten sind nun einmal das, was Menschen zuerst an uns wahrnehmen – auch die reflektierten Zeitgenossen. Selbst wenn wir es wollen, können wir unserem Gehirn dieses Urteil nicht verbieten, denn über die Macht des ersten Eindrucks ist an anderer Stelle genug geschrieben worden. Belassen wir es bei der Feststellung: In den ersten Sekunden machen sich andere Menschen ein Bild von uns, immer und ohne Ausnahme, und daran können wir nicht das Geringste ändern. Wir ersparen uns sehr viel Image- und auch Überzeugungsarbeit, wenn dieses Bild von vornherein stimmig ist.

Ist es eitel, wenn wir uns Gedanken darüber machen, wie wir auf der Bühne wirken werden? Gegenfrage: Betrachten Sie sich als eitel, wenn Sie sich für ein Vorstellungsgespräch zurechtmachen? Ist der Chefarzt eitel, weil er morgens einen sauberen Kittel anzieht und sich das Namensschild mit seinem Professorentitel anheftet? Oder tut er einfach nur, was seine Kunden, die Patienten, mit Fug und Recht von ihm erwarten können? Mehr noch: was ihnen ein gutes Gefühl gibt?

Ist es nicht vielmehr so, dass wir mit unserem Stil ein Versprechen einlösen? Dass wir damit nicht nur uns selbst einen Gefallen tun, sondern auch anderen Menschen etwas schenken, indem wir wirken? Und ist Eitelkeit, so gesehen, etwas Schlechtes?

Stil erzeugt Bindung. Nicht nur bei den Jugendlichen, die irgendwo dazugehören wollen, sondern auch unter Erwachsenen. Zwischen Dienstleister und Kunde, zum Beispiel.

CKR **Für eine Fernsehreportage durfte ich einmal bei der Ausbildung der berühmten »Singapore Girls« dabei sein, den Flugbegleiterinnen von Singapore Airlines. Das Land ist unglaublich stolz darauf, dass dieses Unternehmen ein Jahr ums andere als beste Airline der Welt gewählt wird. Diese Frauen gelten als Repräsentanten ihres Landes. Ihre gesellschaftliche Stellung entspricht eher der eines Chefarztes als der einer fliegenden Kellnerin. Und dementsprechend werden sie auch gedrillt. Alles ist durchreguliert. Das Aussehen ganz besonders. Ich erlebte mit, wie eine Ausbilderin die Nägel einer Kandidatin begutachtete. Und dann fragte sie völlig ironiefrei: »Was genau ist missverständlich an drei Millimetern?«** CKR

Man kann das pingelig finden, übertrieben, perfektionistisch. Unserer Meinung nach aber nicht: irrelevant. Das Versprechen, das diese Airline ihren Kunden gibt, ist ein sehr starkes: Wer Singapore Airlines bucht, rechnet mit dem weltbesten Service, den man in einem Flugzeug bekommen kann. Und eben auch damit, dass eine Flugbegleiterin vor einem steht, deren bloße

Erscheinung Kompetenz suggeriert. Deshalb ist von der Frisur über die Farbe der Strumpfhose bis zur Länge der Fingernägel alles durchreguliert. Das alles hat seinen Sinn. Auch die strengen Vorgaben für die Steckfrisur, denn die sieht nicht nur maximal gepflegt und sorgfältig aus, sondern verhindert auch Haare im Essen. Der Dutt hat übrigens 6,5 Zentimeter Durchmesser – keinen mehr, und keinen weniger.

Aus der gleichen Überlegung heraus scheuen Airlines auch keine Kosten und Mühen beim Design ihrer Uniformen. Die Kostüme der Singapore Girls etwa spiegeln traditionelle Motive des Landes wider und sind gleichzeitig auf eine zeitlose Art und Weise schick und modern. Mit diesem Anspruch hat sie der französische Modedesigner Pierre Balmain in den 1970er-Jahren geschaffen. Ja, Sie haben richtig gelesen: vor beinahe einem halben Jahrhundert. Das Uniformdesign ist seitdem unverändert im Dienst. Es ist zu einem Teil jenes Versprechens geworden. Denn auch das kann Stil transportieren: Tradition. Ein Stilmerkmal mit starker Wirkung und großer Verbindlichkeit.

Bei den Singapore Girls geht der Stil weit über das Aussehen hinaus; er reicht bis in die kleinen Handgesten und die Wortwahl in bestimmten Situationen hinein. Auch das ist nämlich ein Merkmal eines stimmigen Stils: Er macht nicht bei Äußerlichkeiten halt. Er ist ein Ausdrucksmittel. Er bringt etwas zur Wirkung, das von innen kommt. Die fast grenzenlose Hingabe an die Mission zum Beispiel, die alle Singapore Girls eint, die allesamt irrsinnig stolz darauf sind, das zu verkörpern, wofür ihre Uniform steht.

Und wenn Sie uns fragen: Diese Uniformität ist allemal schöner als bei gewissen Airlines, wo man beim Blick in das lustlose, strähnenumrahmte Gesicht mancher Flugbegleiterin am liebsten doch wieder die Bahn nehmen würde. Oder Moment mal ...

Mit Stil transportieren wir eine Symbolik. Mit Ausnahme von Uniform-Berufen sind den Möglichkeiten im Umgang mit dieser Symbolik jedoch fast keine Grenzen gesetzt. Wir können mit den Erwartungen spielen und uns ihnen gezielt auch einmal widersetzen, um etwas zum Ausdruck zu bringen. Wie die New Economy es tat, als sie die Jeans zum Business-Jackett salonfähig machte und damit demonstrierte: Wir machen Business etwas anders als die Old Economy.

Erwartungen setzen die Leitplanken - alles andere ist persönlicher Stil. Mal ist der Spielraum enger, wie bei den Airlines, mal ist er weiter. Doch er ist immer ein Symbol, er transportiert immer eine Bedeutung. Er löst immer ein Versprechen ein - oder bricht es.

Und das heißt für uns: »Stil ist keine Frage der Eitelkeit, sondern eine Frage der Professionalität.«

Vielfaltsmigräne

Natürlich gibt es wie zu allen Zeiten auch heute noch (oder: wieder) Menschen, die sich über Stilfragen nicht so große Gedanken machen wie wir beide. Scheinbar arbeiten die alle in unserem Büro ... Doch Spaß beiseite: Bei einem Fotoshooting mit einigen Mitarbeitern von RichtigRichtig.com konnten wir uns davon überzeugen, dass das »anything goes« eben auch dazu führen kann, dass man das ganze Thema Stil nicht mehr so wichtig nimmt.

Wir beide kamen mit vollen Koffern beim Shooting an: diverse Outfits zum Wechseln, je nach Motiv, Hintergrund, Licht. Wir haben etwas Erfahrung mit Fotoshootings und wissen: Ein paar schwarze Teile braucht man immer, und darüber hinaus muss man flexibel sein – wie Kleidung im Licht des Fotografen wirkt, weiß man vorher nie so genau. Das hatten wir im Vorfeld auch unseren Mitarbeitern mitgeteilt. Die schlugen allerdings ohne schweres Gepäck auf – gut angezogen, aber ohne nennenswerte Wechseloptionen. Keiner hatte sich ernsthaft Gedanken über seine Wirkung auf den Bildern gemacht, keine hatte ein paar schwarze Basics dabei. Stattdessen erschienen alle ganz authentisch: so, wie sie normalerweise auch zur Arbeit kommen würden.

Wir waren sauer und fragten die Mitarbeiter: »Macht ihr euch keine Gedanken darüber, wie das Team auf den Bildern wirken wird? Wollt ihr euch gar nicht von eurer Schokoladenseite zeigen? Das reicht nicht für ein professionelles Shooting!«

Wir konnten das nicht verstehen – wie konnten diese jungen Leute nur so uneitel sein? Oder vielmehr, von unserer Warte: so unprofessionell?

Da die Location schon gebucht war, zogen wir den Termin probehalber trotzdem durch. Das frappierende Ergebnis: Unsere offenbar tiefenentspannten Mitarbeiter sahen auf den Bildern super aus. Und wir – nicht. Weil wir nach der Diskussion mit unserem Team angespannt waren – und das konnte man uns ansehen: Wir wirkten zu bemüht.

Merke: Ausstrahlung kommt tatsächlich von innen.

Unsere Mitarbeiter sind nicht die Einzigen, die ihre ganz eigenen Reaktionen auf die Erwartungshaltung in puncto Stil entwickeln. In manchen Branchen kann die nämlich zu einer echten Belastung werden. Davon berichtete Matilda Kahl, ehemals Creative und Art Director einer großen Werbeagentur in New York. Achtung, doppelte Schönheitsfolter: In New York zu leben bedingt allein schon einen gewissen Catwalk-Zwang. In der New Yorker Kreativszene zu arbeiten ist für viele sicher schlimmer als der Gang zum Jury-Schafott bei einer Misswahl. Jeden Tag steht man auf dem Style-Prüfstand, jeden Tag läuft man Gefahr, zum Gespött zu werden. Nach Jahren in dieser Stilmühle hatte Matilda irgendwann genug davon, jeden Morgen vor dem Kleiderschrank zu verzweifeln. Ihre männlichen Kollegen hatten es leicht: Die konnten einfach in Jeans und T-Shirt im Büro aufschlagen, und dem Anspruch an kreative Gelassenheit war Genüge getan. Als Frau hatte sie es deutlich schwerer, die Erwartungen von Kunden und Kollegen zu erfüllen.

Matilda fasste einen radikalen Entschluss: Sie kaufte sich auf einen Schlag 15 identische weiße Seidenblusen und diverse schwarze Hosen und erklärte das minimalistische Outfit, das immer und überall geht, zu ihrer neuen Arbeitsuniform. Damit es nicht ganz an einer persönlichen Note fehlte, fügte sie ein dünnes schwarzes Lederband hinzu, das sie als Schleife um den Hals trug. Vorbei der morgendliche Outfit-Stress – so ging sie nun jahrelang jeden Tag zur Arbeit. Im Winter noch mit einem schwarzen Blazer über der Bluse, im Sommer manchmal mit Rock statt Hose – und ansonsten frei von jeder Variation. Und fühlte sich endlich jeden Tag gleich wohl in ihrer Haut. Die verwunderten Reaktionen einiger Arbeitskollegen störten sie nicht. Die selbstverordnete Uniform, so Matilda, gebe ihr die Freiheit, sich in ihrem Job endlich wieder auf das Wesentliche konzentrieren zu können. Endlich hatte sie wieder das Gefühl, alles im Griff zu haben.

Langweilig? Radikal? Uniform? Für manche vielleicht – für Matilda im Gegenteil sogar ein individueller Schritt hin zu dem Effekt, auf den es in der Mode zuerst und vor allem ankommen sollte: sich wohlzufühlen. Im Privatleben und vor allem am Wochenende ließ Matilda ihrer Kreativität seitdem übrigens umso mehr freien Lauf: mit stylishen Experimenten, überraschenden Kombinationen, knalligen Farben. Denn außerhalb des Büros ist sie selbst ihre eigene Jury, und niemand sonst.

Nachdem wir Matildas Geschichte gelesen hatten, konnten wir die entspannte Grundhaltung unserer Mitarbeiter in Stilfragen übrigens ein wenig besser verstehen.

Wie bei jeder Wahl, die wir im Leben haben, kann auch die Freiheit der Stilwahl manchem über den Kopf wachsen. Da sehen wir Uniformen plötzlich in einem ganz anderen Licht. Und stellen fest: In Stilfragen sind wir gut beraten, eine Strategie zu haben. Zu wissen, was wir ausdrücken wollen und womit sich die gewünschte Wirkung erzielen lässt, aber vor allem zu wissen, wer wir sind und was zu uns passt. Dann findet sich der Rest von allein.

Denn letztlich können wir anziehen, was wir wollen: Auch das teuerste Kleid lässt keine Frau zu Audrey Hepburn werden. Stil ist, wenn die Frau das Kleid trägt, nicht das Kleid die Frau. Dasselbe gilt in allen Stilfragen: Ob wir nun ein Bühnenoutfit auswählen, an unserer Wortwahl arbeiten oder ein Restaurant einrichten.

Kürzlich saßen wir im gleichen Flugzeug wie Friede Springer. Sie gab sich niemandem zu erkennen. Geduldig schlängelte sie sich mit allen anderen durch die Kabine. Auch von den üblichen drängelnden Koffer-Rowdys ließ sie sich nicht aus der Ruhe bringen. Und nahm in der letzten Reihe Platz. Economy. Vielleicht, weil sie nicht mit den 1D-Angebern assoziiert werden wollte. Stil ist eben keine Frage des Habens, sondern des Seins.

Was Stil für uns wirklich ist, haben wir verstanden, als unser Restaurant begann, Form anzunehmen: Plötzlich sah es nach uns aus. Zutiefst und von Herzen: wir. Das ist es, worum es eigentlich geht, wenn wir »wirken«: Stil ist die Reibungsfläche, die wir der Welt bieten. Wo das Ich auf die Welt trifft und sich zeigt. Wer kann es uns da verdenken, dass wir auf Schönheit bedacht sind, wenn wir Relevanz anstreben?

Stilikonen über Stil

Wenn du anfängst, die Zeit, in der du lebst, zu kritisieren, ist deine Zeit vorbei.

Karl Lagerfeld

Kleider verändern nicht die Welt. Die Frauen, die sie tragen, tun das.

Anne Klein

Stil ist, wenn sie dich aus der Stadt jagen und du es aussehen lässt, als ob du die Parade anführst.

William Battie

Ich hasse Narzissmus, aber ich begrüße Eitelkeit.

Diana Vreeland

Bevor aus deinem Stil etwas werden kann, muss aus dir selbst etwas geworden sein.

Marie von Ebner-Eschenbach

Lange leben: Gesundheit

Wer oder was macht mich krank?

Freude am Altern

Mitsu Shimoji müsste eigentlich tot sein. Statistisch betrachtet. Ist sie aber nicht. Die Mittneunzigerin (Alter, nicht Jahrgang) ist Unternehmerin. Nicht etwa seit 50 oder 60 Jahren, wie man jetzt vermuten könnte. Sie hat ihr Unternehmen erst vor wenigen Jahren gegründet: ein Kimono-Atelier der allerfeinsten Sorte. Mit Anfang 90. Ein Lehrunternehmen, wohlgemerkt; Mitsu hat sechs Studenten. Was man eben so macht, wenn man als Frau schon fünf Kinder allein großgezogen, die Familie ein halbes Jahrhundert lang im Alleingang durchgebracht, dem eigenen Sohn zum 70. gratuliert und den Urenkeln den Weg bereitet hat und dann unterfordert feststellt: Das war noch nicht alles. Da geht noch was.

Ein bisschen bittersüße Vergeltung mag auch im Spiel gewesen sein bei der Entscheidung: Vor ein paar Jahren hatte Mitsu sich zum dritten Mal das Bein gebrochen und war für acht Monate in einem Pflegeheim gelandet. Mancher hatte sie damals aufgegeben. Vielleicht hat sie sich heimlich, still und leise gedacht: »Euch werde ich's zeigen.« Zugeben würde sie das gewiss nicht. Wenn Mitsu spricht oder lacht, klingt sie wie ein Mädchen, das sich alle Mühe gibt, süß und unschuldig zu wirken. Die Männer in Japan mögen das. Sicher

mochte es auch Mitsus Mann, der ist im Zweiten Weltkrieg gestorben.
Mitsu lebt auf Miyako-jima, einer kleinen Insel vor der Küste Japans. Wer hier jemanden »wirklich alt« nennt, meint damit nicht Mitsu. Wenn sie es den ältesten Bürgern der kleinen Insel gleichtut, hat sie locker noch ein Jahrzehnt vor sich. Hier gibt es so viele Hundertjährige, dass das Sozialamt von Miyako-jima eine eigene Abteilung gegründet hat, die sich um diese Menschen kümmert. Damit sie so lange wie möglich zu Hause leben können. Sind sie auf eine Heimunterbringung angewiesen, gehen nämlich die Gesundheitskosten in die Höhe. Wenn so viele Menschen die Hundert knacken wie hier, ist das ein ernsthafter Kostenfaktor im Verwaltungshaushalt. Die Mitarbeiter schauen besonders nach den Senioren, die trotz ihres Alters allein leben. Es sind nicht wenige. Denn mit über 100 sind nicht nur die Kinder, sondern auch die Enkel schon eine Weile aus dem Haus.
Hier spielen Hundertjährige nicht Bingo und ziehen sich Mittagstalkshows rein, während sie vergangenen Zeiten hinterhertrauern. Hier züchten sie Rinder, gründen Unternehmen und bilden den Nachwuchs aus. Auf Miyako-jima ist Altern nichts, wovor man sich fürchtet und was man innerlich verweigert. Ganz im Gegenteil: Alte Menschen genießen in Japan gesellschaftlich großen Respekt. Hier, auf der Insel der Hundertjährigen, besonders. Mit Freude altern: Auf Miyako-jima klingt das nicht seltsam.
In ihrer Kimono-Werkstatt stellt die »Jungunternehmerin« Mitsu den berühmten Miyako-Jofu her – einen der edelsten und kostbarsten Kimono-Stoffe Japans. Sie ist eine von wenigen, die die Geheimnisse ihres Handwerks noch kennt: der Herstellung des Garns, des Färbens, des Webens.
Ihr Produkt ist eines, dessen Wert nicht adäquat in Geld gemessen werden kann. Es gibt dem Begriff »Zeitwert« eine ganz neue Bedeu-

tung. Drei Jahre dauert die Herstellung des Stoffs eines einzigen Kimonos nach der traditionellen Methode. In dieser Zeit können Bäume wachsen, Kriege entschieden werden und Studenten einen Bachelor-Abschluss machen. Mitsu webt einen *Kimono. Obwohl sie höchstens mal eine Auszeit von ihrer Werkstatt nimmt, wenn ein heranziehender Taifun lebensbedrohliche Ausmaße annimmt. Okay, nebenbei bildet sie auch noch sechs Studenten aus. Sie arbeitet mit Spaß, sagt sie. Und dass es gut für ihre Beine sei, mit denen sie barfuß den Webstuhl bedient.*

Alt werden, jung bleiben ... Mitsu kann nur lachen über das Drama, das wir aus dem Älterwerden und Jungbleiben machen.

»Wenn ich spiele, dann macht das Leben eine Pause und wartet auf mich.« Dieser Satz stammt von einem von Mitsus Nachbarn auf Miyako-jima, einem Instrumentenbauer, der seine Instrumente nicht nur herstellt, sondern auch leidenschaftlich bedient. »So gewinne ich ein bisschen Zeit. Wenn ich eine Stunde musiziere, dann gewinne ich eine Stunde Leben.« Der Mann muss viel gespielt haben, er hat die 100 längst überschritten.

Das Altersheim hat ihn kürzlich abgelehnt – wegen zu guter Gesundheit.

Ist Ihnen das schon mal aufgefallen: Die größten Ansammlungen von Hundertjährigen auf der Welt leben seltsamerweise immer auf Inseln. In Japan ist es Okinawa, die Inselpräfektur, zu der auch die Miyako-Inseln und damit auch Miyako-jima zählen. In China leben überdurchschnittlich viele Hundertjährige auf der Insel Hainan im Süden des Landes. Auch in Europa gibt es Inseln der Hundertjährigen: Sardinien ist die italienische Hochburg der Hochbetagten, und die Griechen scheinen auf Ikaria einen Jungbrunnen versteckt zu haben. Lauter Inseln des langen Lebens.

Zufall? Eine Folge von Meerluft und Sonne? Vielleicht ist es ja auch mehr als das. Es scheint, als ob die relative Isolation des Lebens auf einer Insel, wo die Zeit langsamer läuft und die Zivilisationsentwicklung verzögert auskommt, sich positiv auf die Lebenserwartung auswirkt. Und, wenn man Menschen wie Mitsu und ihrem Nachbarn so zuhört, vielleicht auch auf die Lebens*einstellung*.

Möglicherweise umgibt das Inselleben ja ein Geheimnis, das uns Städtern verborgen bleibt. Als würden uns all die hohen Beton- und Glasfassaden den Blick darauf verbauen, worauf es ankommt. Vielleicht wohnt dieses Glück, von dem alle immer sprechen, einfach nicht in der Stadt. Vielleicht hat es sich schon vor Generationen zurückgezogen auf eine abgelegene Insel, wo es nicht alle fünf Minuten sein Gesicht in die Kamera hält. Und wenn sich doch mal wieder ein Kamerateam auf die Insel verirrt, stürzt es sich garantiert auf die armen Hundertjährigen, um ihnen irgendwelche esoterischen Gesundheitstipps zu entlocken: Es muss doch der Tee sein? Oder die Ernährung? Oder die Yogagruppe für Senioren am Strand? Und das Glück, oder wie auch immer diese mysteriöse Existenz in Wahrheit heißen mag, sitzt im Gebüsch und lacht sich ins Fäustchen.

Dem aufmerksamen Leser wird nicht entgangen sein, dass wir uns durchaus unsere eigenen Gedanken übers Älterwerden machen. Wenn man das halbe Jahrhundert voll hat, dann ist der Gedanke durchaus verlockend, dass man noch ein weiteres vor sich haben könnte. Das würde die Projektplanung auf Basis der verbleibenden Sommer durchaus entspannen, die notwendig scheint, um einer potenziellen Altersfrustration effektiv zu begegnen. Noch mal 50 – das wäre fantastisch und wahnsinnig zugleich. Wenn wir die richtige Insel finden.

Das Leben, die Suche nach der ganz persönlichen Insel des langen Lebens? Darüber, fanden wir, lohnt es sich, nachzudenken.

Gesund leben — oder genussvoll?

Noch mal 50 Jahre zum Genießen - das wäre auch nicht verkehrt. Wobei der Genuss hierzulande ja nicht so recht in den theoretischen Rahmen einer »gesunden Lebensgestaltung« zu passen scheint. Während die hundertjährigen Dörfler auf Miyako-jima ganz entspannt einfach das essen, was sie schon vor knapp 100 Jahren aßen, wird durch unsere Dörfer ein Ernährungstrend nach dem anderen getrieben. Komischerweise tritt jeder einzelne davon mit dem Anspruch auf ultimative Relevanz für ein langes Leben an. Immer heißt es »Entweder-oder«, nie »Sowohl-als-auch«. Und komischerweise soll alles, was angeblich besonders gesund ist, auch immer besonders schlank, sexy und potent machen. Fragt sich nur, warum manche Models sich auch heute noch Wattebällchen einwerfen, um sich satt zu fühlen, ohne tatsächlich etwas zu essen. Bei all den Wunder-Ernährungsplänen da draußen müssten wir eigentlich längst alle aussehen wie von einem Katalog-Cover gesprungen.
Erst wurden unsere Diäten von den Kohlehydraten befreit, dann von der Laktose und dann vom Fleisch. Neulich, als wir uns ein Abendessen gönnten, das vermutlich nicht ganz den Geschmack der Gesundheitsapostel getroffen hätte, gedachten wir ein wenig nostalgisch der alten Zeiten in der Gastronomie. Gerade in gehobenen Restaurants wurde man früher behandelt wie ein Aussätziger, wenn man nach fleischloser Kost verlangte.

CKR**Ich habe in Grand Hotels noch mit Spitzenköchen gearbeitet, die sich strikt geweigert haben, überhaupt einen vegetarischen Hauptgang zuzubereiten. Und »vegan« war ein Schimpfwort.**CKR

Heute sind die Machtverhältnisse umgekehrt: Keine Firmenkantine und kein Krankenhaus kann es sich mehr leisten, *keine* vegetarische Option anzubieten.

Damit wir uns richtig verstehen: Auch wir haben keine Zweifel daran, dass bewusste Ernährung ein ganz wichtiger Schritt auf dem Weg zur 100 ist. Und wir haben ganz und gar nichts gegen Vegetarier oder Veganer. Auch wir achten darauf, was, wann und manchmal auch wie viel wir essen. Gemessen an unseren Mitarbeitern in Düsseldorf sind wir Dauerreisenden in puncto Ernährung allerdings elendige Sünder. Auch sie müssen berufsbedingt flexibel sein, aber auf ein gemeinsames gesundes Mittagessen legen diese jungen Leute sehr großen Wert. Eine Kollegin fastet regelmäßig, obwohl sie schon schlank genug ist. In dieser Zeit erlaubt sie sich maximal 25 Gramm Süßes am Tag und hält das konsequent durch. Wir bewundern sie dafür, denn das ist eine Form von Disziplin in der Lebensgestaltung, die wir wahrscheinlich nicht wichtig genug nehmen.

Einiges spricht dafür, dass diese Generation gesundheitsbewusster Professionals mit ihrer gesunden Ernährung durchaus bessere Chancen auf den 100. Geburtstag hat als wir. Zum Beispiel die Statistiken über ausgewanderte Okinawaner. Die liefern nämlich einen Beweis dafür, dass die Tradition eines zurückgezogenen Landlebens mit ursprünglicher Ernährung sehr viel mit der hohen Quote an Hundertjährigen zu tun hat. Wo diese Tradition verloren geht, sinkt auch die Lebenserwartung. Nach dem Zweiten Weltkrieg gingen etwa 100 000 Okinawaner nach Brasilien und passten sich den dortigen Gepflogenheiten an – auch in der Ernährung. Sie nahmen mehr rohes Fleisch, Zucker und Salz zu sich und ließen ihre alten Ernährungsgewohnheiten hinter sich. Die Folge: »Ihre Lebenserwartung liegt jetzt 17 Jahre unter der in Okinawa«, berichtete der Kardiologe Makoto Suzuki Journalisten auf der Suche nach dem Heiligen Gral des Alterns.

Doch auch auf Okinawa selbst schwächeln die nachfolgenden Generationen gegenüber Mitsus Generation. Der Hauptgrund hierfür, so Suzuki: In Okinawa, speziell der Hauptstadt Naha, essen immer mehr Menschen westlicher als irgendwo sonst in Japan. Durch die starke US-Militärpräsenz in Okinawa gibt es überall Fast-Food-Ketten, Schnellimbisse, Eisdielen. Die jungen Leute ziehen aus den Dörfern weg in die Stadt, bewegen sich in ihren Bürojobs zu wenig und essen aus der Mikrowelle. Die Lebenserwartung, die in den meisten Industriestaaten der Welt steigt, sinkt in Okinawa – weil die jungen Generationen dem Lebensstil ihrer Eltern und Großeltern entsagen. Hier gibt es Hundertjährige, die den natürlichen Tod ihrer eigenen Kinder erlebt haben, weil diese ein anderes Leben gewählt haben als sie selbst.

Angesichts der Geschichten aus Japan stellt sich uns die Frage, was mehr wert ist: das Leben als Ganzes oder der einzelne gelebte Moment? Welcher dieser beiden Werte ist relevant für die Entscheidungen, die wir in Bezug auf unsere Lebensweise täglich treffen? Was ist die Priorität – Gesundheit oder Genuss? Was ist für uns – für jeden Einzelnen von uns ganz persönlich – relevanter?

Schon wieder so eine Entweder-oder-Frage. Und eine Frage, die wir nicht entscheiden können und nicht entscheiden wollen. Weil Gesundheit und Genuss sich nicht ausschließen müssen. Weniger Entweder-oder, mehr Sowohl-als-auch!

Wir finden: Alles, was guttut, muss Raum im Leben finden. Denn alles, was guttut, ist nur eine Frage der Dosierung – sogar Vitamine und Sport werden mit der entsprechenden Dosis zum Gift. Und das ist der Punkt, wo wir an den Kasteiungsphilosophien zweifeln: Warum auf etwas verzichten, das im richtigen Maß so große Relevanz für unsere Lebensgestaltung hat wie der Genuss?

Lebens-Werte sind relativ

Das kann man freilich auch ganz anders sehen. Für Schwerkranke, die für jeden neuen Tag dankbar sind, ist Genuss relativ irrelevant, oder mindestens: relativ.

SH **Mein Bruder Thomas hatte vor 20 Jahren eine Nierentransplantation. Je nach Betrachtungsweise hat er Glück im Unglück: Für ein Transplantationsorgan funktioniert seine Niere schon sehr lange und verhältnismäßig gut. Das ist die glänzende Seite der Medaille. Die Kehrseite: Je älter er wird, desto schwieriger wird es, schnell wieder eine erstklassige Spenderniere zu bekommen, sollte »seine« irgendwann einmal den Dienst versagen. Jüngere Menschen rutschen auf der Warteliste automatisch nach oben. Was sollen wir uns wünschen: Dass er weiter so lange wie möglich mit seiner jetzigen, funktionierenden Niere leben kann wie bisher? Oder dass er so schnell wie möglich eine neue bekommt? Absurde Fragen aus Sicht eines gesunden Menschen, aber man kann sie nicht ausblenden. Die Krankheit ist ständig präsent. Deshalb hat Thomas andere Prioritäten in**

seiner Lebensgestaltung als ich. Bei der Frage, wo Genuss anfängt, ist er viel bescheidener. Gleichzeitig würde er nie freiwillig so viel arbeiten wie ich. Ich bewundere ihn sehr.[SH]

Menschen, die so etwas erlebt haben, verändern sich. Sie hängen mehr am Leben. Sie genießen jeden gelebten Moment bewusster. Der genetische Lebenswille, der uns allen innewohnt, wurde bei ihnen viel stärker und bewusster aktiviert. Ihr Überlebensinstinkt ist wacher als der gesunder Menschen. Gefahren durch eine unvernünftige Lebensweise sind ihnen eher bewusst als denen, die dem Tod noch nie ins Auge geblickt haben. Denn sie haben eine entscheidende Frage für sich beantwortet: Wie lange will ich leben? Für sie gibt es in vielen Fällen nur eine Antwort darauf: so lange wie möglich.
Und wir, die mutmaßlich, verhältnismäßig Gesunden? Wie antworten wir auf die Frage: Lieber möglichst lange gesund und am Leben bleiben, oder lieber möglichst genussvoll leben?

[SH]**Ich möchte so lange leben, wie ich aktiv leben kann. Immobil und abhängig — das wäre nicht mehr ich.**[SH]

[CKR]**Ich glaube, die Sichtweise in dieser Frage ändert sich mit der Situation. Wer Freude am Leben hat, kämpft darum, wenn es eng wird.**[CKR]

Wie auch immer man zu der Frage steht, ob das Ziel einer »erfolgreichen« Lebensgestaltung ein besonders langes oder ein besonders intensives, genussvolles Leben ist: Wenn es so etwas wie »das Glück« tatsächlich gibt, dann wäre in Anbetracht des Leidensweges chronisch Kranker Gesundheit wohl eine zwingende Voraussetzung. Und tatsächlich geben die Deutschen Gesundheit als den wichtigsten Glücksfaktor an, gefolgt von Partnerschaft und Freunden.

So logisch das scheinen mag – uns hat es irritiert. Wir haben keinesfalls das Gefühl, dass Gesundheit die Menschen tatsächlich automatisch »glücklich« macht, also irgendwie zufrieden und wohlgestimmt. Wir kennen genügend enorm gesunde, durchtrainierte, ernährungsbewusste und noch dazu erfolgreiche Menschen, die eigentlich vor lauter Glück aus den Ohren leuchten müssten. Tun sie aber nicht, jedenfalls nicht die Mehrzahl von ihnen. Dafür kennen wir fast genauso viele Lebemenschen, die eindeutig mehr auf Genuss eingestellt sind als auf eine gesunde Lebensweise, und die tatsächlich fast immer strahlen. Ja, auch vor dem ersten Glas Rotwein. Tatsächlich scheinen »Lebemenschen« sogar oft sehr gesund zu sein.

Ist es wirklich so, dass Gesundheit glücklicher macht? Oder macht ein genussvolles Leben gesünder?

Gesundheit – reine Kopfsache?

»Gesundheit ist weniger ein Zustand als eine Haltung, und sie gedeiht mit der Freude am Leben.«

Das könnte aus einem Esoterik-Buch stammen. Es könnte auch von den Hippies kommen, oder von Goethe nach der dritten Flasche Rotwein des Tages, aber der war für solche unwissenschaftlichen Aussagen wohl zu sehr Gelehrter. Auch dem lächelnden Instrumentenbauer mit der philosophischen Ader aus Miyakojima, den wir eingangs zu Wort kommen ließen, würde diese Feststellung wohl gut zu Gesicht stehen. Doch auch hier ist es

wie mit den meisten Dingen, die das Leben betreffen: Gebrauchsweisheiten finden wir zuerst bei den Toten.
Das Zitat ist über 750 Jahre alt. Es stammt vom italienischen Dominikaner Thomas von Aquin. Der war der Esoterik denkbar abgeneigt – einer entspannten Lebenseinstellung dagegen offensichtlich nicht. 500 Jahre später setzte kein anderer als der gute, alte Voltaire noch einen drauf: »Ich habe mich entschieden, glücklich zu sein; das ist besser für die Gesundheit.« Zu seiner Ehrenrettung sei angemerkt, dass man »Glück« damals noch sagen konnte, ohne gleich gefragt zu werden, was man dafür berechne.
Gesundheit – eine Entscheidung? Ganz so einfach, fürchten wir, wird es wohl nicht sein, aber fragen Sie uns gern in 50 Jahren noch einmal. Eine Entscheidung allein hat wenig Gewicht, solange ihr keine Taten folgen.
Aber was könnte man tun, damit diese Entscheidung lebensgestaltende und vielleicht auch lebensverlängernde Auswirkungen zeitigt? Sich die Welt schönreden und alles totschweigen, was sich negativ auf die Lebensfreude auswirkt? Nachrichten boykottieren, unangenehmen Menschen aus dem Weg gehen, Briefe vom Finanzamt ungelesen verbrennen? Ein paar Tage oder sogar Wochen gesundheitsfördernde Glückseligkeit können Sie auf diesem Wege bestimmt rausschlagen, aber auf Dauer ...?
Doch tatsächlich fällt uns bei näherer Betrachtung so einiges ein, womit wir unsere mentale Gesundheit beeinflussen könnten. Worauf konzentrieren sich kranke Menschen, die dem Tod tatsächlich nahe waren oder nahe sind? Meistens auf die Dinge, die die »Beschäftigten« grundsätzlich auf ihrer Prioritätenliste ganz nach hinten schieben: Kunst. Kultur. Bildung. Menschenrechte. Blühende Wiesen. Händchenhalten. Atmen. Klingt für

manchen vielleicht kitschig, aber was wissen wir schon? Wir standen noch nie vor der Frage, ob wir morgen noch eine Skulptur umrunden, über eine Wiese laufen oder aus eigener Kraft atmen können.
Und warum stehen wir nicht vor dieser Frage? Weil wir eben nicht auf einer abgelegenen Insel leben, wo der Zustand der Wiesen und Felder durchaus eine existenzielle Bedeutung hat. Wir können auf die Wiese verzichten, glauben wir jedenfalls. Wir leben auf dem kürzesten Weg zwischen Büro und Supermarkt. Und wenn wir »durchatmen« wollen, dann meinen wir damit eine Flugreise in die Karibik. 15 Stunden Kabinenluft und Jetlag sind alles, nur nicht gesund.
Können wir uns für Gesundheit entscheiden? Wir können uns zumindest entscheiden, bewusst(er) zu leben. Doch wie realistisch wäre die Forderung, ab sofort nur noch gesunde Entscheidungen zu treffen? Alles im Leben auszublenden, das uns krank macht – die negativen Menschen, die Zeitdiebe, all die Stressfaktoren, die Mediziner und Zeitmanagement-Gurus ausgemacht haben? Konsequent könnten wir diesen Weg nur gehen, wenn wir das Sinnbild vom Inseldasein wörtlich nehmen und abhauen.
Realistischer scheint uns, das, was wir nun mal tun, so gesund wie möglich zu tun. Beim Abwägen zwischen mehreren Optionen so oft wie möglich zur gesünderen zu pendeln. Die Energiebilanz im Großen und Ganzen so ausgeglichen wie möglich zu halten, ohne dogmatisch Verzicht zu üben. Wenn wir möglichst viele unserer gelebten Momente auf diese Balance beziehen, haben wir unzählige Male am Tag die Möglichkeit, etwas für unser Wohlbefinden zu tun und damit direkt Einfluss auf unsere Gesundheit zu nehmen – durch die Wahl, die wir treffen: Relevanzentscheidungen.

Inseln der Relevanz

Es mag paradox klingen, aber auch glücklich sein zu sollen ist ein Imperativ der Genussgesellschaft, der Stress auslöst. Wenn Glück ein Allergen wäre, dann könnten wir keine Buchhandlung mehr betreten und den Fernseher nicht mehr einschalten, ohne einen anaphylaktischen Schock zu bekommen. Oder Veranstaltungen besuchen, auf denen jeder »wirken« will. Wie ist das in Ihrer Branche, wenn sich Kollegen, die vielleicht auch Konkurrenten sind, auf einem Haufen versammeln? Macht man sich da auch verdächtig, wenn man mal nicht auf einer golden glitzernden Glückswoge in den Raum surft und dabei ordentlich Wellen schlägt?

> SH **Mit dem Zwangsoptimismus der Glücksratgeber kann ich nicht umgehen. Ich kann nicht auf einen Knopf drücken und glücklich sein, oder auch nur: sein *wollen*. Wenn mich etwas unglücklich macht, dann muss ich das überwinden und auch den Schmerz mitnehmen, nicht auf Watteböllchen drum herumtanzen.** SH

Was auch immer uns im einzelnen Moment guttut, die disziplinierte Option oder die Genussoption, Anspannung oder Entspannung, Teilnahme oder Enthaltung, Konsum oder Verzicht, Mobilität oder Statik, Schlafen oder Wachsein: Genau so, wie wir uns mit der richtigen Wahl gesünder machen, können wir uns immer auch mit der falschen Wahl kränker machen.
Ist es nicht so, dass wir uns in erster Linie selbst krank machen? Indem wir beispielsweise Menschen und Dingen Relevanz in un-

serem Leben erlauben, die uns nicht guttun? Indem wir uns aussetzen, wenn wir uns abgrenzen sollten; uns konfrontieren, wenn wir uns zurückziehen sollten – und, natürlich, auch umgekehrt?

So wichtig soziale Einbindung für ein erfülltes und erfolgreiches Leben ist: Wenn sich die Rollen, die wir täglich spielen, nicht mehr vom eigenen Relevanzkern unterscheiden lassen, dann sind wir zu weit gegangen. Wenn wir nicht mehr wissen, für wen oder was wir das tun, was wir gerade tun. Dann haben wir den Bezug zu uns selbst verloren. Mal ehrlich: Wie oft sind wir für andere »glücklich«, »beschäftigt« oder »präsent«, wenn wir es eigentlich nicht sind und auch gar nicht sein wollen?

Wenn wir uns für Gesundheit entscheiden können, heißt das zwangsläufig auch: Gesundheit ist davon abhängig, wem und was wir Relevanz in unserem Leben erlauben. Da ergibt im Umkehrschluss die vermeintlich asoziale Überlegung durchaus Sinn, vor wem und was wir die Schotten dicht machen auf unserer inneren Insel.

Dafür hätten wir jedenfalls volle Rückendeckung aus der Psychologie. Forscher der Technischen Universität Dresden fanden bei einer Befragung unter Studenten heraus: Diejenigen, die genügend Zeit für sich selbst haben, in der sie nicht irgendwie sozial verplant sind, leiden am seltensten unter körperlichen und seelischen Beeinträchtigungen. Der Grund: Wer Zeit für sich selbst hat, nutzt diese scheinbar automatisch für gesundheitsfördernde Beschäftigungen – nicht unbedingt immer für Yoga oder Marathontraining, sondern für ausgleichende Maßnahmen. Dinge, die das wieder in Balance bringen, was in der »beschäftigten« Zeit Schlagseite bekommen hat. Das kann Ruhe sein, muss es aber nicht. Entscheidend ist, dass man ein ausreichendes Zeitfenster für Dinge zur Verfügung hat, die man nur für sich selbst tut.

> CKR **Gesundheit kommt nicht zwingend aus der Ruhe. Ich fühle mich nicht wohl, wenn ich zu lange statisch bin, auch in freien Stunden. Für mich heißt gesund sein: noch mobil sein.** CKR

Macht Alleinsein tatsächlich gesund? Wenn man dieser These folgt, ist das ein weiteres Indiz für die Insel-Theorie. Wenn Mitsu an ihrem Webstuhl sitzt und nicht gerade Studenten um sich hat, dann ist sie für sich und tut das, was ihr Freude macht. Sie hat ihr Kimono-Atelier für sich gegründet. Sich eine Insel geschaffen auf ihrer Insel. Es ist ganz still dort; man könnte eine Stecknadel fallen hören. Aber Mitsu ruht ganz und gar nicht.
Ist es wirklich die Dauerbeschäftigung, die uns gefühlt immer kränker macht? Wissenschaftler sind darüber unterschiedlicher Meinung. Die einen sagen, der moderne Kapitalismus mache uns zunehmend krank. Die wachsenden Leistungsanforderungen würden immer mehr Menschen in die Erschöpfung treiben. Jeder sei seine eigene Marke und müsse sich als solche behaupten, quasi ein Ein-Personen-Konzern, der in jeder wachen Minute an der Professionalität seiner Öffentlichkeitsarbeit gemessen wird. Das, was uns der Kapitalismus beschert habe, sei nur angebliche Freiheit. In Wahrheit seien wir vielmehr so geschickt manipuliert, dass wir die Enttäuschung über ausbleibende Erfolge nicht mehr gegen die Erfolgreichen richten, sondern gegen uns selbst.
Logisch nachvollziehbar ist das: Wo es immer einen gibt, der noch erfolgreicher, noch gefragter und deshalb vermeintlich auch noch glücklicher ist – muss man da nicht zwangsläufig immer die la-

tente Sorge mit sich herumschleppen, ein Versager zu sein? Also drückt man noch mehr auf die Tube, beutet sich noch mehr aus – da ist die Depression doch geradezu vorprogrammiert. Die Burn-out-Welle schien das eine Zeit lang zu unterstreichen.

»Alles Quatsch«, sagt die andere Gruppe, repräsentiert unter anderem durch die Psychologen Martin Dornes und Martin Altmeyer in einem Beitrag für die *Zeit*: Der Anstieg bei den Fallzahlen sei vielmehr darauf zurückzuführen, dass die medizinische Praxis sich in den letzten Jahrzehnten massiv verändert habe. Früher war mal ein Jahr anhaltender Symptome notwendig, bevor ein Arzt sich zur Diagnose Depression hinreißen ließ. Heute reichen zwei Wochen. Auch andere postmoderne Krankheitstrends wie ADHS verdanken ihren Boom möglicherweise verzerrten Statistiken: Die höchste Zahl an ADHS-Diagnosen in Deutschland gibt es nicht in Berlin, Hamburg oder München, sondern im beschaulichen Würzburg – just da, wo es auch die höchste Zahl an Kinderpsychiatern im gesamten Bundesgebiet gibt. Kann ein Zufall sein, sagen die beiden habilitierten Forscher, aber: Wie wahrscheinlich ist es, dass es in Würzburg mehr hyperaktive, aufmerksamkeitsbeeinträchtigte Kinder gibt als in den Großstädten des Landes?

Wenn man diesen Argumenten folgt, stellt sich die Frage: Kann es sein, dass nicht mehr Menschen krank werden als früher, sondern dass sich einfach mehr Menschen krank *fühlen*? Weil wir mit Diagnosemöglichkeiten bombardiert werden und ein Burn-out – oder wahlweise ein Bore-out – die dringend benötigte Pause legitimiert, vielleicht sogar einen Neustart mit neuen Prioritäten? Dass die Fallzahlen bei Ersterem inzwischen wieder drastisch rückläufig sind, spricht dafür, dass es sich hier eher um einen gesellschaftlichen Trend des Umgangs mit der Überforde-

rung gehandelt haben könnte als um eine Kapitalismus-induzierte Epidemie. Vielleicht ist das, was wir heute »krank« nennen, manchmal eine gesellschaftlich akzeptierte Legitimation für einen seelischen und physischen Neustart.
Wenn dem so ist, dann ist möglicherweise nicht Überforderung das Grundproblem, sondern Unzufriedenheit. Frustration darüber, dass wir es trotz all der Möglichkeiten noch nicht geschafft haben, das perfekte Leben zu führen, das uns überall als Ideal verkauft wird. Zehn Glücksrezepte hier, zwölf Erfolgstipps da – irgendwas muss doch funktionieren.

Schaulaufen

Relevanz gibt es nicht auf Rezept. Und wir haben gute Gründe dafür, warum wir Ihnen in diesem Buch nicht zehn Schritte gegen die gefühlte Irrelevanz andrehen, sondern stattdessen versuchen, Ihnen Ihre eigenen Antworten zu lassen – auch wenn wir unsere persönlichen geben. Wir glauben nämlich, dass es mit der Relevanz ähnlich ist wie mit dem Rauchstopp, dem gesunden Essen und dem Sport: Es geht dabei nicht darum, irgendeiner sozialen Vergleichsgruppe irgendetwas zu beweisen, sondern darum, sich zu überwinden, um sich selbst etwas Gutes zu tun.
Der sogenannte »Disstress«, also der negative Stress, ist ungesund – darin sind sich die Forscher ausnahmsweise einig. Und in einer Gesellschaft, in der er gerade deshalb als Statussymbol gilt, kann es manchmal durchaus helfen, sich selbst relevanter zu finden als die Vergleichsgruppe. Und sich zu überwinden, etwas für die eigene Gesundheit zu tun, anstatt das zu tun, was vermeintlich von uns erwartet wird. Und zwar ohne dabei gleich

wieder ins Messen zu verfallen und selbst auf der Suche nach Balance noch die Stoppuhr mitlaufen zu lassen.

Neulich waren wir am Morgen vor einem Beratungstermin gemeinsam an der Hamburger Außenalster joggen. Und natürlich waren wir nicht die Einzigen. Einer nach dem anderen zogen sie vorbei, wie der demografische Schnitt durch die Mittelschicht im gründlich recherchierten Werbeclip eines Sportartikelherstellers: der »Mittelmanager« im farblich perfekt abgestimmten Laufdress mit dem neuesten Pulsmesser am Handgelenk. Die Bankerin mit dem entschlossenen Gesichtsausdruck, ganz in Schwarz und in sich gekehrt, mal abgesehen vom weißen Ohrhörer. Der Start-up-Gründer, bewusst Low-key im weißen T-Shirt und den Shorts aus seiner Zeit als Leichtathletik-Schulmeister.

Manche, das kann man nicht *nicht* bemerken, sind für die Aufmerksamkeit hier. Sie praktizieren den empfohlenen Atemrhythmus extrovertiert und bewegen sich so ausladend, als stünden Tausende am Streckenrand und würden ihnen zujubeln. »Seht her, ich halte mich fit, ich tue was für meine Gesundheit, denn ich werde noch gebraucht auf dieser Welt.« Zieht einer entspannt an ihnen vorbei, ist es vorbei mit der Souveränität. Dann erwacht der Vergleichshunger in ihren Augen. Da hätten sie auch gleich eine Stunde früher ins Büro gehen können …

Und wir? Wir wollten einfach laufen. Ein bisschen selbst gewählte, entspannte Anspannung vor der Arbeit. Genusslaufen. Wir waren nicht die Langsamsten, wir waren nicht die Schnellsten. Klar wurden wir auch immer mal überrundet an diesem Morgen. Aber knappe neun Kilometer in einer Stunde waren für uns genug.

Manche zogen allerdings so dicht und mit solcher Attitüde an uns vorbei, dass wir das Gefühl bekamen, sie bräuchten das.

Erst fragten wir uns: »Sind wir so langsam?« Dann mussten wir schmunzeln: Alles in allem ist das eindeutig besser als früher, als die Jungs solche Dinge an der nächsten Ampel klärten. Heute tun sie dabei wenigstens etwas für ihre Gesundheit. Oder wie auch immer sie es nennen mögen.

[SH]**Eine Freundin mit Panikattacken bekam von ihrem Arzt den Rat: Spazierengehen ist die beste Therapie.**[SH]

Auch das vergessen wir heute gern mal, wenn wir die Bestzeiten checken, die die vernetzten Turnschuhe in die globalen Vergleichslisten unserer Lauf-Apps schicken: Bewegung ist nicht nur CrossFit und Marathon. Bewegung ist, den Status quo zu verlassen. Weiterzugehen. Sobald wir nicht stehen bleiben, bewegen wir uns. Geschwindigkeit ist zunächst mal Quantität, nicht Qualität.
Relevanz bezeichnet das, was wir im Leben vorhaben. Und wenn wir uns später fragen, ob wir ein relevantes Leben geführt haben – dann meinen wir damit bestimmt nicht, wie schnell wir damit fertig waren.

Relevanzdenken statt Glücksstress

Letztlich entscheiden wir selbst, wie viel Relevanz wir den Stressoren in unserem Leben geben, auch den hausgemachten. In diesem Sinne, davon sind wir fest überzeugt, ist Gesundheit tatsächlich eine Entscheidung. Denn die mentale Gesundheit hängt entscheidend davon ab, wie wir mit den eigenen Schwächen und der Frustration umgehen. Und sie hängt auch davon ab, wie wir das eigene Ego in die Welt einordnen, die uns umgibt.

Diese Freiheit hat uns, aller Kritik zum Trotz, nicht zuletzt auch der Kapitalismus geschenkt: Wir können heute entscheiden, wie viel wir von uns selbst verlangen. Die Vergleiche, den Leistungsdruck, den Glückswahn – all das erlegen wir uns letztlich selbst auf. Wenn wir nichts mehr genießen können *und* unserer Gesundheit zu wenig Wert beimessen – und nach unserem Eindruck geht beides meist miteinander einher –, dann ist das keine direkte Folge irgendeiner gesellschaftlichen Verschwörung. Dann sind wir uns selbst einfach zu wenig wert.

Wir haben nichts davon, uns gegen die eigene Natur zu programmieren. Wir können nicht unbegrenzt intensiv und unbegrenzt lange leben. Genuss kann in Bewegung und in Ruhe stattfinden. Gesundheit ist immer eine Frage des Maßes, und Balance heißt nicht Stillstand. Eine Waage, deren Schalen sich nie gegeneinander bewegen, ist festgeschraubt.

Wenn das so ist, dann ist Gesundheit auch davon abhängig, wie konsequent wir unser Leben auf das einrichten, was uns relevant erscheint – und wie konsequent wir alles andere ausblenden. Und alle *anderen*. Je mehr der gelebten Momente wir mit dem verbringen, was wir wirklich für uns selbst tun – ob nun allein oder mit anderen –, desto gesünder leben wir. Und, wenn das Leben so spielt: auch desto länger.

Aber das wissen wir nicht. So betrachtet ergibt es vielleicht mehr Sinn, das Leben als die Summe der gelebten Momente zu betrachten. Vielleicht erwächst die wahre Lebensqualität ja gerade aus der Freiheit, sie nicht zählen zu müssen. So wie es auch keine schicksalhafte Liste gibt, die wir abhaken müssten, damit unsere Relevanzexpedition als erfolgreich gelten darf. Relevanz hat keinen Anfang und kein Ende, denn Relevanz ist Leben.

Wie viel Zeit uns wirklich noch bleibt, werden wir nie erfahren – es sei denn, eine endgültige Diagnose lässt auf eine konkrete Restlaufzeit schließen. Wäre es nicht schade, darauf zu warten, und die Zeit bis dahin unter Glücksstress zu verbringen?
Die alten Menschen von Miyako-jima sind lebende Denkmäler, nein: ganz und gar lebendige Aktivisten für den Wert des Lebens, den Wert jedes einzelnen gelebten Moments. Wenn sie sich nicht den Kopf darüber zerbrechen, ob das Leben im Alter überhaupt noch lebenswert ist – warum sollten wir das tun? Ihre Bescheidenheit mahnt, dass es tatsächlich nicht viel braucht für ein lebenswertes Leben. Sie erinnern uns daran, worauf es wirklich Wert zu legen lohnt: auf die ursprünglichen Dinge, die wir unserer komplexen Lebensgestaltung unterordnen. Spaß an der Arbeit, also auch: Arbeit? Unbedingt. Ernährung? Klar. Bewegung? Auch.
Und Glück? »Eigentlich bin ich immer glücklich«, sagt Mitsus Nachbar, der Instrumentenbauer von Miyako-jima, und blickt irritiert drein ob der Frage. »Ich brauche kein *besonderes* Glück.« Wozu auch: Wenn er spielt, macht das Leben eine Pause und wartet auf ihn. Das ist seine Insel. Dort gibt es alle Zeit, die er braucht. Und wer sich über Zeit und Leistung pro Zeit keine Sorgen macht, scheint sich auch über Glück weniger Gedanken zu machen.
Mitsu sitzt derweil an ihrem Webstuhl und webt den Stoff eines Kimonos. Draußen wächst ein Baum. Irgendwo wird ein Krieg entschieden. Ein Student macht seinen Bachelor. Mitsu sitzt auf ihrer Insel und webt den Stoff desselben Kimonos.
Vielleicht kann jeder von uns sein eigener Inselstaat sein. Nicht immer glücklich, aber immer so relevant, wie wir es uns selbst ausgesucht haben.

Lange leben, gerne leben, glücklich leben

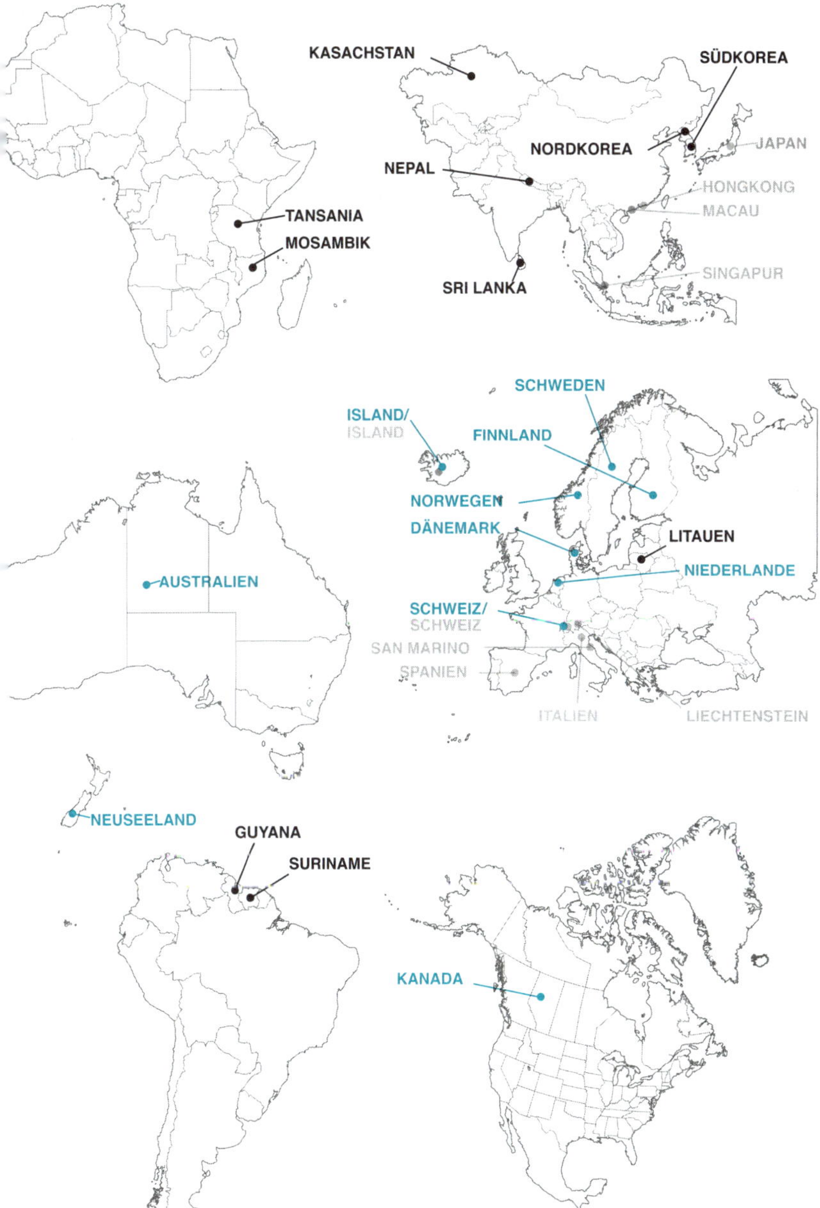

Staaten mit der höchsten Lebenserwartung
Staaten mit den höchsten Suizidraten
Staaten mit der höchsten Wertung im World Happiness Report
(Stand 2013–2015)

Anhang

Danke

Menschen, denen wir dankbar sind, haben eine hohe Relevanz in unserem Leben. Wir wollen, dass sie das wissen. Deshalb:

Danke an die Menschen, die uns bunt sein lassen.

Danke an die Menschen, die unser Leben so farbenfroh machen.

Dass auch eine Managementberatung nicht schwarz/weiß sein muss, zeigt unser Team jeden Tag. Schön, euch bei uns zu haben. Ihr seid eine echte Inspiration.

Danke an die Fragesteller, die uns neugierig auf mehr machen.

Danke an die bunten Hunde.

Künstleralltag – das Leben als Gesamtkonzept

von Michael Najjar

Ein Künstler stellt Fragen. Er transformiert diese in Kunstwerke und setzt mit ihnen einen reflexiven Kreislauf in Gang, der den Betrachter zur Infragestellung seiner Wahrnehmung, seiner Perspektiven und seines Wertesystems anregen soll. Als ich Mitte der Neunziger Jahre nach einem sehr experimentellen Kunststudium in Berlin die Entscheidung traf, Künstler zu werden, war dies auch eine Entscheidung für das Leben, das ich führen wollte. Als Künstler zu arbeiten bedeutet, alle Aspekte des Lebens zu einem Gesamtkonzept zu vereinen und daraus Kunstwerke zu destillieren, die nicht nur für mich selbst, sondern auch für andere Menschen von Relevanz sind.
Mit den Autoren dieses Buches verbindet mich eine lange Freundschaft. Unsere Generation ist vor allem durch den Wandel von einer analogen, fassbaren Welt in eine digitale, dematerialisierte

Welt geprägt. Wir haben eine analoge Jugendzeit verbracht, ohne Smartphone, E-mail und Facebook. Wir leben und arbeiten heute aber in einer vollständig digitalisierten Welt. Im Gegensatz zu den *Digital Natives* war dieser Wandel ein prägender Teil unseres Lebens. Für uns stellen sich daher viel öfter die zentrale Fragen: Was ist eigentlich Realität, was ist Simulation? Und wie verhält sich das eigene Leben zu diesem Spannungsfeld? Der hochgradige Simulationsgehalt unserer heutigen Welt, der Schein der Simulation, keine zu sein, macht sie verführerisch und bedrohlich zugleich.

Technologischer Fortschritt entwickelt sich heute mit einer Geschwindigkeit, die wir uns vor einigen Jahren kaum hätten vorstellen können. Als Künstler setze ich mich auf komplexe und kritische Weise mit diesen Bewegungen auseinander, die das 21. Jahrhundert bestimmen und drastisch verändern. Meine Foto- und Videoarbeiten entwickle ich aus einem interdisziplinären Kunstverständnis heraus. Ich transformiere Wissenschaft, Kunst und Technologie in Visionen und Utopien zukünftiger Gesellschaftsordnungen, die sich unter dem Einfluss neuer Hochtechnologien herausbilden.

Die Virtualisierung unserer Welt führt auch zu einer enormen Beschleunigung vieler Lebensprozesse. Diese Beschleunigung wiederum hat Oberflächlichkeit zur Folge. Es fehlt uns die Zeit, den Dingen auf den Grund zu gehen. Künstler versuchen, diese Oberflächenspannung zu durchbrechen und zum Wesen der Dinge vorzudringen. Die ständige Veränderung der eigenen Perspektive auf die Welt und auf das Leben ist eine große Herausforderung für jeden Künstler. Sie erfordert ein stetes Umdenken, eine konstante Neubewertung aller Lebenskomponenten und ihrer Beziehungen zueinander. Oder, in den Worten von Carsten

und Sabine: ein permanentes Hinterfragen der eigenen Relevanzkriterien: Was ist – für mich, hier und jetzt – wirklich wichtig? Für die meisten Menschen wird das mit fortschreitendem Alter deutlich schwieriger und anstrengender. Sie verlassen sich lieber auf das Prinzip Mustererkennung und Erfahrung. Dabei bleibt die Frage nach Relevanz oft auf der Strecke, denn Bequemlichkeit hat Vorrang. Je weiter man gekommen ist, desto lieber verweilt man in der persönlichen Komfortzone. Künstler dagegen sind permanent auf der Suche nach neuen Erfahrungswelten. Entdeckungsdrang und Risikobereitschaft im Leben und im Werk zeichnen einen innovativen Künstler aus, denn nur so können Wahrnehmungs- und Erkenntnisgrenzen verschoben werden, immer mit dem Ziel, etwas wirklich Neues zu schaffen. Genau das hat mich in meinem eigenen Leben immer fasziniert: Grenzüberschreitungen, Extremerfahrungen und die Neugierde herauszufinden, was sich hinter den Grenzbereichen verbirgt. Interessanterweise leben wir in einer Zeit der verschwindenden realen Erfahrung. Wir kommunizieren, arbeiten, reisen in der immateriellen Datenwelt, wir sammeln virtuelle Freunde en masse, die wir nie persönlich kennenlernen werden, und wir scheuen zunehmend das Risiko und die Folgen realer körperlicher Erfahrungen.
Ein zentraler Punkt in meinem Leben, aber auch in meiner künstlerischen Arbeit, ist der konstante Perspektivenwechsel auf die Welt und die damit verbundenen Erfahrungen. Die Gespräche mit Sabine und Carsten und die Lektüre dieses Buches haben bei mir zu einer sehr persönlichen, auch künstlerisch sehr relevanten Erkenntnis beigetragen: Irgendwie hat sich mein Betrachtungsstandpunkt auf die Welt über die Jahre immer weiter in die Höhe verlagert. Als ich nach dem Studium 1998 meine erste

Werkserie realisierte, ging es mir darum, den Wahrheitsgehalt des Mediums Fotografie zu hinterfragen, als diese am Anfang ihrer Digitalisierung stand. Ich reiste für drei Wochen nach Kuba, tauchte ein in die surrealistische Welt des tropischen Sozialismus Fidel Castros und fotografierte eine Schwarz/Weiß-Reportage, die ich anschließend digital inhaltlich veränderte – zur damaligen Zeit ein Skandal! Für die folgende Werkserie »netropolis 2003–2006« bestieg ich später in zwölf Megacitys der Welt das jeweils höchste Gebäude und porträtierte die Städte aus der Vogelperspektive. Das Ziel: Ich wollte die urbane Verdichtung und die gleichzeitige Verdichtung der Informationsstrukturen in den Megacitys zum Ausdruck bringen.
Danach ging es noch weit höher hinaus: Im Jahr 2009 bestieg ich für meine Serie »high altitude« den Aconcagua in Argentinien, den höchsten Berg der Erde außerhalb des Himalaya-Gebirges. Nach zweiwöchiger Besteigung erreichte ich – ohne künstlichen Sauerstoff – vollkommen erschöpft den 6962 Meter hohen Gipfel. Ein magischer und surrealer Moment in meinem Leben. Die Strapazen waren gewaltig, der Erfolg war bis zum Schluss von Disziplin, mentaler und physischer Stärke, Teamarbeit und nicht zuletzt von der nicht beinflussbaren Komponente Wetter abhängig. Erst im zweiten Versuch gelang die Gipfelbezwingung. Es war die größte physische und mentale Anstrengung, die ich je erlebt hatte. Jeder hatte den Erfolg meiner Expedition für ein Ding der Unmöglichkeit gehalten, und doch stand ich auf dem Gipfel und blickte hinunter auf die Welt. Die Besteigung eines so hohen Berges und das Erreichen des Gipfels ist eine existenzielle Grenzerfahrung. Der Himmel scheint mit Händen greifbar, der ferne Horizont ist die Grenze des Endlichen in Richtung des Unendlichen. Gravierender Sauerstoff-

mangel gepaart mit extremer physischer Erschöpfung lassen die Grenze zwischen Realität und Einbildung verschwimmen, die Wahrnehmung von Raum und Zeit gerät ins Taumeln. Das Gefühl der Erhabenheit auf dem Gipfel ist überwältigend. Während dieser dreiwöchigen Expedition entstanden die Fotos der Serie »high altitude«, die die Entwicklung der weltweit wichtigsten Börsenindizes visualisiert. Diese künstlerische Arbeit thematisiert die Entmaterialisierung und Virtualisierung der Finanzwelt, basiert jedoch auf einer extremen realen körperlichen Erfahrung.

Seit 2011 arbeite ich an meiner aktuellen Werkgruppe »outer space«, die meinen Standpunkt noch etwas weiter nach oben verlagert - dieses Mal in den Weltraum. Die Serie beschäftigt sich mit den neuesten Entwicklungen in der Weltraumforschung und deren Auswirkungen auf unser zukünftiges Leben und Arbeiten im All. Schnell wurde mir klar: Um nicht nur an der theoretischen Oberfläche zu bleiben, sondern so tief wie möglich in diese Materie einzudringen, muss ich selbst ins All fliegen. Inzwischen bin ich einer von Virgin Galactics' *Pioneer Astronauts* und werde in naher Zukunft mit dem neu entwickelten *SpaceShipTwo* die Reise in den Weltraum antreten. Ich bin in meinem Leben immer der Meinung gewesen: Was vorstellbar ist, ist auch machbar. Mit der Entscheidung, selbst ins All zu fliegen, ist der performative Aspekt stark in den Mittelpunkt meiner Arbeit gerückt. Ich wollte herausfinden, was der menschliche Körper leisten muss, um sich auf die Reise in den Weltraum vorzubereiten, und habe deshalb in Russland eine Kosmonauten-Ausbildung absolviert- mit allen Grenzerfahrungen, die das mit sich bringt. In einem gigantischen Wassertank absolvierte ich in einem Weltraumanzug ein »Spacewalk Training« in zwölf Metern

Tiefe. Beim »Zero-g Trainining« erlebte ich im Sturzflug zum ersten Mal, wie sich Schwerelosigkeit anfühlt. In einer Zentrifuge wurde ich bis zur Bewusstlosigkeit im Kreis geschleudert. Als Co-Pilot wurde ich in einer MiG-29 mit doppelter Schallgeschwindigkeit auf 20 000 m Höhe in die Stratosphäre katapultiert, und bei einem HALO-Jump sprang ich aus 10 000 m Höhe mit dem Fallschirm ab und raste dabei in einem zweiminütigen freien Fall mit 300 km/h Richtung Erde. Aus diesen ungewöhnlichen Situationen und Erlebnissen sind im Nachhinein viele spannende Foto- und Videoarbeiten entstanden, die ausschließlich auf meiner eigenen Wahrnehmung in diesen Extremsituationen beruhen und damit absolut einzigartig sind.
Diese Erfahrungen waren von ungeheurer Relevanz für mich. Die Grenzen dessen auszutesten, was im Leben möglich ist, und aus diesen Erlebnissen heraus durch das Schaffen von Kunst das Leben neu zu bewerten. Dieser Reiz, dieses Austesten der Möglichkeiten, dieser ständige Interpretationsprozess ist es, den Sabine und Carsten in diesem Buch als »Relevanzexpedition« bezeichnen. Und die findet natürlich nicht nur auf Berggipfeln und im Weltraum statt, sondern jeden Tag. Wo auch immer der eigene Standpunkt gerade sein mag.
Es war immer vorrangig für mich, meine eigenen Gestaltungsräume zu schaffen. Ein Maximum an Unabhängigkeit und Freiheit zu bewahren hatte für mich stets den höchsten Stellenwert. Auch hier haben die Autoren und ich etwas gemeinsam. Wie sie versuche ich den Status quo immer wieder infrage zu stellen, Perspektiven zu verändern, festgefahrene Strukturen aufzubrechen, neue Inhalte zu entdecken und auch die verrücktesten Sachen einfach mal auszuprobieren. Dabei ist bislang ein ziemlich buntes Leben herausgekommen. Entscheidend ist aus mei-

ner Sicht, immer wieder herauszufiltern, was für mich selbst wirklich relevant ist - und was nicht. Dazu müssen wir Fragen stellen.

Berlin, im Juli 2016

Dieses Buch wurde klimaneutral produziert:

MIX
Papier aus verantwortungsvollen Quellen
FSC® C083411
FSC www.fsc.org

CPI
Mehr Bäume. Weniger CO_2.
www.cpibooks.de/klimaneutral

Bibliografische Information der Deutschen Nationalbibliothek
Die Deutsche Nationalbibliothek verzeichnet diese Publikation in der Deutschen Nationalbibliografie; detaillierte bibliografische Daten sind im Internet über http://dnb.d-nb.de abrufbar.

Druck und Bindung: CPI books GmbH, Leck
Printed in Germany

ISBN 978-3-86774-473-7

Besuchen Sie uns im Internet: www.murmann-publishers.de
Ihre Meinung zu diesem Buch interessiert uns!
Zuschriften bitte an info@murmann-publishers.de
Den Newsletter des Murmann Verlages können Sie anfordern unter newsletter@murmann-publishers.de